세상에 대하여
우리가
더 잘 알아야 할
교양

74

지은이 소개

지은이 김선아

충주에서 태어나고 자랐습니다. 연세대학교에서 사회학과 동양사를 공부한 뒤, 출판사에서 인문·교양서를 쓰고 만들고 있습니다. 박정훈과 함께 쓴 《라틴아메리카는 처음인가요?》로 2017 사계절 청소년 교양도서 공모전에서 우수상을 받았습니다. 그 밖에 지은 책으로 《코요아칸에서 태양을 보다》(공저)가 있습니다.

세상에 대하여
우리가
더 잘 알아야 할
교양

김선아 지음

74

한글

우리가 몰랐던 한글 이야기

내인생의책

차례

※ 본문의 **굵은 글씨**로 표시된 단어는 110페이지 용어 설명에서 찾아보세요.
※ 발췌한 인용문에는 첨자를 달았습니다. 출처는 출처 보기에서 찾아보세요.

들어가며 : 우리에게 한글이 없었다면?

중국 사람들은 휴대폰에 어떻게 글자를 입력할까요? 그 수많은 한자를 일일이 다 자판에 늘어놓을 수는 없겠지요. 중국에서도 여러 가지 방법을 고민했는데, 최근에는 한 가지 방법이 많이 쓰이고 있습니다. 바로 알파벳으로 한자의 발음을 적어 나가는 것입니다.

예를 들어 學校(학교)라는 글자를 휴대폰에 써 볼까요? 이 글자의 병음(중국어의 알파벳 발음 기호)은 xuéxiào이니 먼저 x를 누릅니다. 그러면 발음이 x로 시작하는 한자가 여럿 뜨지요. 그중에서 내가 원하는 한자를 찾아서 고릅니다. x로 시작하는 한자가 너무 많아서 고르기 어렵다면? 그럼 x 다음에 있는 u까지 눌러 봅니다. 발음이 xu로 시작하는 한자가 다시 여럿 뜨면 그중에서 내가 원하는 한자를 찾아봅니다.

다행히 자주 쓰이는 한자가 먼저 앞쪽에 뜨기 때문에, 발음 기호를 끝까지 다 눌러야 하는 경우는 많지 않아요. 그래도 우리 한글을 입력할 때와 비교하면 상당히 번거로워 보입니다. 실제로 한글이 중국어보다 무려 7배가량 빠르게 입력할 수 있다는 연구 결과가 나오기도 했습니다.

만약 우리에게 한글이 없었다면, 그래서 우리가 아직도 한자를 쓰고 있다

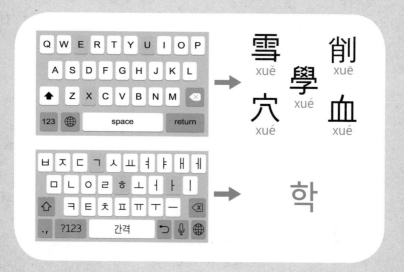

면 어땠을까요? 어쩌면 우리도 지금 중국 사람들처럼 글자를 입력하고 있을 지도 모를 일입니다. 그런 상상을 하니 새삼 고마운 마음이 드는 사람이 있 습니다. 바로 세종 대왕이지요. 조선 시대에 세종 대왕이 훈민정음을 만든 덕을 지금 우리가 톡톡히 누리고 있습니다.

한글은 1443년에 조선의 왕실에서 태어났습니다. 한글은 태생부터 귀한 몸이었던 셈입니다. 하지만 그 후 한글이 걸어온 길은 순탄하지만은 않았습 니다. **창제**된 후에도 꽤 오랫동안 한자보다 낮은 대우를 받아야 했어요. 구 한말에야 비로소 나랏글로 인정받았지만 곧바로 일제의 탄압을 견뎌야 했지 요. 해방된 뒤에는 국제화에 따라 영어의 도전을 받게 되었고, 컴퓨터가 널리 쓰이게 되면서는 디지털이라는 새로운 시대에도 적응해야 했습니다.

한글의 나이는 이제 약 600세쯤 되었습니다. 600년이란 시간은 문자의 역 사치고는 그리 긴 시간이 아닐지 모릅니다. 세상에는 수천 년의 역사를 자랑

하는 문자도 많으니까요. 그런데 한글은 짧은 생을 지나오는 동안 꽤 여러 번 시련을 거쳤습니다. 그때마다 꿋꿋이 살아남았고 지금도 변신을 계속하고 있지요.

이제부터 한글이 살아온 역동적인 시간을 추적해 보려고 합니다. 책을 읽어 나가면서 한글의 다채로운 매력을 발견하게 되기를 바랍니다.

南ᇰ이리ᄒᆞ니니라

中듕國귁·에달·아

與영文문字·쫑·로不붏相샹流륭通통홀

·씨與영·는이·와뎌·와ᄒᆞ·는겨·체쁘·는字·쫑ㅣ·라文문·은글·와리·라不붏·은아·니ᄒᆞ

·씨ㅣ·라文문·은글·와리·라相샹·은서르ᄒᆞ·논ᄠᅳ·디

·라流륭通통·은흘·러ᄉᆞᄆᆞᄎᆞᆯ씨·라

文문字·쫑·와·로서르ᄉᆞᄆᆞᆺ·디아·니ᄒᆞᆯ씨

故·공·로愚ᅌᅮ民민·이有ᅌᅲᆼ所송欲·욕言언

1장 한글은 어떤 글자일까?

世·솅宗종御·엉製·졩訓·훈民민正·졍音흠

製·졩·는글·지·을·씨·니訓·훈·은ᄀᆞᄅᆞ·칠·씨·오民민·은百·빅姓·셩·이·오音흠·은소·리·니訓·훈民민正·졍音흠·은百·빅姓·셩ᄀᆞᄅᆞ·치시논正·졍ᄒᆞᆫ소·리·라

製·졩·는님금·지·ㅿ·신그·리·라訓·훈民민正·졍音흠·은百·빅姓·셩

國·귁之징語:엉音흠·이

國·귁·은나·라·히·라之징·는·입·겨지·라語:엉·는:말ᄊᆞ·미·라

異·잉乎흫中듕國·귁·ᄒᆞ·야

異·잉·는다ᄅᆞᆯ·씨·라乎흫·는아·모그에·ᄒᆞ논겨·체ᄡᅳ·는字中듕國·귁

한글의 다른 이름들

훈민정음, 정음, 반절, 언문, 암클(또는 암글), 중글, 본문, 상말글, 국문, 조선문, 조선글, 한국글, 가갸글, 배달글, 韓字(한자), 우리글.[1]

이 단어들은 모두 한 가지를 가리키고 있습니다. 바로 '한글'입니다. 우리나라 고유의 문자인 한글은 오랫동안 이렇게 여러 가지 이름으로 불렸습니다.

처음 태어났을 때에는 '훈민정음'이었습니다. 1443년, 새로 28개의 자음과 모음을 만든 세종 대왕은 '백성을 가르치는 바른 소리'라는 뜻에서 훈민정음이라는 이름을 붙였지요. 그 뒤 조선 시대 내내 널리 쓰이면서 훈민정음은 다양한 이름을 갖게 되었습니다.

그중에서도 가장 대표적인 이름은 '언문'입니다. 《조선왕조실록》에는 "이 달에 임금이 친히 언문 28자를 지었는데……."라는 내용이 나옵니다. 훈민정음이 만들어질 당시부터 언문이라는 표현이 쓰였음을 알 수 있지요. 당시 언문은 꼭 훈민정음뿐만이 아니라 한자가 아닌 문자 일반을 가리키는 표현이었습니다. 하지만 훈민정음 창제 이후 훈민정음을 가리키는 말로 꾸준히 쓰였지요. 조선 시대 말까지 훈민정음을 '언문'이라고 부르는 사람이 많았습니다. 언문(諺文)은 한자 그대로 뜻풀이를 하면 '속된 말로 쓴 문장'이라는 뜻이 됩니다. 물론 이때에 '속된'이라는 표현은 지금처럼 나쁜 의미는 아닙니다. 과거에 '놈'이라는 표현이 욕이 아니라 그저 '사람'을 가리키는 말이었던 것과 비슷하게, 속되다는 것도 그저 '일상적인' 것을 가리켰지요.

그럼 속되지 않은 글로 쓴 문장은 어떤 것일까요? 한문입니다. 한문은 '진짜 글'이라는 뜻에서 '진서(眞書)'라는 별명을 갖고 있었습니다. 조선 시대 양반들은 모두 중국에서 온 글자인 한자를 더 격식을 갖춘 글자, 더 품위 있는 문자라고 여겼지요.

언문이라는 표현에는 한문보다는 조금 그 격이 낮은 글자라는 뜻이 들어 있습니다. 실제로 조선 시대까지 언문은 한자보다 덜 권위 있는 글로 대접받았습니다. 사대부 양반보다는 '아녀자'들이 더 많이 썼고, 공식 문서보다는 사사로운 편지에서 더 많이 쓰였지요. 일상적으로 많이 쓰였지만 한문보다는 한 단계 격이 낮은 글자, 그것이 한글의 자리였습니다.

언문, 나랏글이 되다

그랬던 언문이 한자를 제치고 공식적인 나랏글, 즉 국문(國文)으로서 그 격이 올라가는 일이 일어납니다. 개화기인 1894년의 일이지요.

그 무렵 우리나라는 엄청난 변화의 시기를 지나고 있었습니다. 안에서는 동학 농민 운동이 일어나 변화를 요구하는 백성들의 목소리가 높아졌고, 이를 구실로 청나라와 일본 사이에서는 청일 전쟁이 벌어졌지요. 더 멀리에서는 서구 열강들이 문호를 개방하라는 요구를 틈틈이 해 왔습니다. 여러 위기에 놓인 조선에서는 개혁을 꾀하게 됩니다. 조선의 26대 왕인 고종은 1894년부터 '갑오개혁'이라 불리는 여러 가지 개혁 조치를 펼치지요. 그리고 그해 11월, 한글의 역사에 기록될 획기적인 발표를 합니다.

제14조, 법률·칙령은 모두 국문(國文)을 기본으로 하고, 한문(漢文)으로 번역을 붙이거나 혹은 국한문(國漢文)을 혼용한다.[2]

이 발표에서 고종은 언문을 공식적으로 '국문', 즉 나랏글이라 부르고 있습니다. 한글의 격을 한 단계 위로 끌어올린 것입니다. 이제 한자가 아니라 한글이 나랏글의 자리에 올랐습니다. 고종은 그저 발표로만 그치지 않았습니다. 이후 우리나라 최초의 헌법이라 할 수 있는 '홍범 14조'와 함께 '독립서고문'을 선포할 때 순 한글, 순 한문, **국한문 혼용**의 세 가지 방식으로 발표합니다. 한자는 모르고 한글만 아는 많은 백성과도 소통하겠다는 의지를 보인 것입니다.

비록 이날의 발표로 한자를 쓰는 습관이 한순간에 사라지지는 않았지만, 훈민정음이 만들어진 지 약 500년 만에 한글의 위상이 크게 달라졌습니다. 조선 시대까지 계속된 중국 중심의 질서에서 벗어나고, 우리 민족에 대한 근대적인 의식이 생겨나기 시작하자 한글을 바라보는 눈도 달라진 것이지요.

한글이란 이름의 탄생

하지만 안타깝게도 '국문'이라는 이름은 그 뒤 오래 불리지 못했습니다. 우리나라가 1910년에 국권을 잃었기 때문입니다. 일제의 식민지가 되고, 일제가 자기 나라 글인 '일본어'를 강요하면서 나랏말이라는 뜻의 국문이라는 표현을 쓰기가 어려워졌습니다. 우리글을 지키고자 했던 사람들은 이제 우리글을 무어라 불러야 할지 고민하기 시작했습니다.

▌ 주시경 선생

'한글'이라는 표현을 처음 제안한 사람은 국어학자 주시경이라고 전해집니다. 주시경은 우리 겨레의 말글이라는 뜻에서 '배달말글'이라는 표현도 만들어 보았습니다. 하지만 배달말글은 아무래도 부르고 익히기가 조금 어려웠습니다. 주시경은 '한나라말', '한나라글' 같은 표현도 생각해 냈고 이를 줄여 '한글', '한말' 과 같이 써 보기도 했습니다. 그냥 한문이라고 쓰면 한자로 쓴 문장을 가리키는 한문(漢文)과 발음이 같아 헷갈리기 쉬우니 한글, 한말이라고 한 것이지요. 한글은 대한제국의 글자라는 뜻도 되었습니다.

이런저런 아이디어 끝에 한글이라는 표현이 점차 자리 잡아 나갔습니다. 주시경은 '한'은 크다는 뜻도 들어 있고, 또 우리 민족의 이름이기도 하다는 설명을 붙였습니다. 그런 의미를 더하면 한글은 큰 글, 우리 민족의 글이라는 뜻이 되지요.

1927년, 우리글 연구 단체였던 **조선어연구회**는 《한글》이라는 이름의 잡지를 펴냈습니다. 또 1928년에는 '가갸날'이라 불리던 기념일을 한글날로 고쳐 부르게 되면서 많은 사람이 한글이라는 표현에 더욱 익숙해졌습니다. 그 뒤부터 지금까지 우리글은 '한글'이라는 이름으로 불리고 있지요.

1931년에 조선어학회가 재창간한 《한글》 창간호

한글과 한국어는 다르다?

한글과 한국어는 같은 것일까요, 다른 것일까요? 둘은 비슷해 보이지만 엄밀히 구분하면 다릅니다. 한글은 문자를 가리키지만, 한국어는 문자뿐만 아니라 음성까지 포함한 언어 전체를 가리킵니다. 하지만 우리는 종종 이 둘을 혼동하곤 합니다. 예를 들어 볼까요? 외국 사람들에게 우리말을 가르치는 수업은 '한글 수업'일까요, '한국어 수업'일까요? 한국어 수업이 맞습니다. 한국어 수업에서도 '가 갸 거 겨'로 시작하는 한글을 가르치기는 하지만, 단지 글로 쓰는 문자만이 아니라 우리가 듣고 말하는 언어인 한국어 전체를 가르치기 때문입니다.

그럼 젊은 시절에 미처 기회가 없어 한글을 익히지 못한 노인들을 위한 수업은 '한글 수업'일까요, '한국어 수업'일까요? 우리나라에서 평생 산 사람이라면 한국어를 듣고 이해하고 말할 수 있습니다. 다만 글을 쓰는 데에 서툴 뿐이지요. 노인들이 배워야 할 것은 한글이라는 글자이니 '한글 수업'이 맞지요.

외국어와 비교하면 그 차이가 더욱 확실해집니다. a, b, c로 시작하는 글자인 로마자는 꽤 여러 나라에서 씁니다. 미국, 영국에서도 쓰고 스페인에서도 쓰고 독일, 프랑스에서도 씁니다. 하지만 각 알파벳이 소리 나는 방식이나 쓰는 법은 나라마다 많이 다릅니다. 미국 사람이 독일어를 하려면 a, b, c가 독일어에서 어떻게 소리 나는지부터 새로 배워야 하지요. 그러니 같은 로마자를 쓰더라도 영어, 스페인어, 독일어, 프랑스어는 모두 달라요. 이 사실을 헷갈리는 사람은 별로 없습니다.

그런데 왜 우리는 자꾸만 한글과 한국어를 헷갈릴까요? 그럴 만한 이유가 있습니다. 한글로 표기하는 언어는 이 세상에 오직 한국어밖에 없기 때문입니다. 로마자로 표기하는 언어는 영어, 스페인어, 이탈리아어 등 다양하지만, 한글로는 오직 한국어만 씁니다. 그러다 보니 굳이 그 둘을 구분하지 않고 쓰게 되지요.

알아 두기

북한에서는 한글을 어떻게 부를까?

북한에서도 우리글을 한글이라고 부를까요? 그렇지 않습니다. 북한에서는 한글이 아니라 '조선글'이라고 부릅니다. 우리는 한국어, 한국말이라는 표현이 익숙하지만 북한에서는 조선어, 조선말이라는 표현을 주로 씁니다.

그런데 이런 습관이 오해를 낳기도 합니다. 한글이 만들어지기 전에는 한국어도 없었다는 식의 오해가 대표적입니다. 한글이라는 문자만 없었을 뿐 한국어라는 **모어**는 사람들 사이에 계속 있어 왔지요. 그 모어를 글로 적기 위해 우리 조상들은 한자부터 **이두**, **향찰**까지 다양한 수단을 활용했고 마침내 한글이라는 문자를 발명한 것입니다.

모아쓸까, 풀어쓸까?

한글은 몇 개의 자음과 모음으로 이루어져 있을까요? 세종 대왕이 훈민정음을 만들 때는 모두 28개의 자모를 만들었지만 지금 우리는 그중 4개를 제외하고 24개의 자모만 쓰고 있습니다. 자음 14개, 모음 10개이지요. 이 각각의 자모들은 말소리를 나타낸 것입니다. 이렇게 하나의 문자가 하나의 낱소리를 나타내는 글자를 음소 문자라고 부릅니다. 자음과 모음으로 갈라 적을 수 있다고 해서 자모 문자라고도 불리지요.

한자와 비교해 보면 이 특징을 더 명확하게 알 수 있습니다. 예를 들어 한자에서 나라를 뜻하는 글자는 國입니다. 이 글자에서 자음과 모음을 구분할 수 있을까요? 불가능합니다. 한자는 단어 하나하나가 하나의 뜻을 가진 글자로, 자음과 모음이 따로 없지요. 한자와 같은 문자를 뜻글자(표의 문자)라 하고, 한글이나 영어의 로마자를 소리글자(표음 문자)라고 합니다. 한글은 소리글자 중에서도 음소 문자인 것이지요.

그런데 음소 문자로서 한글이 특이한 점이 한 가지 있습니다. 바로 자음과 모음을 음절 단위로 '모아쓰기'를 한다는 점입니다. '한글'이라는 글자를 쓸 때 'ㅎㅏㄴㄱㅡㄹ'과 같이 자음과 모음을 따로따로 쓰지 않고, '한글'과 같이 한데 모아서 씁니다. 말소리는 음절 단위로 나는데, 한글은 쓸 때 그렇게 실제로 소리가 나는 단위대로 모아쓰는 것입니다.

우리는 모아쓰는 데에 익숙하기 때문에 이것이 특이한 사실이라는 점을 잘 느끼지 못하지만, 음소 문자로서는 매우 독특한 특징입니다. 이는 영어와 비교해 보면 쉽게 알 수 있습니다. 영어도 한글처럼 말소리를 나타낸 음소 문자입니다. 그런데 사과를 뜻하는 영어 단어 apple을 볼까요? apple은 '애' '플' 이렇게 두 개의 음절로 구분되어 소리가 나지만, 쓸 때는 음절 단위로 모으지 않고 그냥 철자들을 순서에 따라 늘어놓지요.

대부분의 음소 문자들은 영어처럼 풀어쓰기를 합니다. 하지만 우리는 훈민정음이 처음 창제될 때부터 모아쓰기를 해 왔습니다. 한글이 가진 재미난 특징이라 할 수 있지요.

사례탐구 주시경이 풀어쓰기를 주장했다고?

우리나라의 대표적인 국어학자인 주시경은 한글을 모아쓰기보다 풀어 쓰자고 주장한 적이 있습니다. 주시경은 같은 음소 문자인 서양의 영어가 쓰이는 방식을 보면서 한글도 풀어쓰면 어떨까 하는 실험적인 생각을 하게 되었습니다. 실제로 자신이 글을 가르쳤던 조선어강습원에서 수료증을 내줄 때 한글을 풀어쓴 수료증을 써 주기도 했지요.

주시경이 보기에 풀어쓰기에는 몇 가지 장점이 있었습니다. 일단 풀어 쓰게 되면 음소 문자인 한글의 특징에 가장 충실할 수 있다고 보았습니다. 또 당시는 아직 한글 맞춤법이 통일되어 있지 않았던 때인데, 풀어쓰기를 하면 받침이나 띄어쓰기 같은 맞춤법의 부담이 적어지리라 보았습니다.

주시경 이후에도 많은 학자가 풀어쓰기에 관심을 가졌습니다. 거기에는 풀어쓰기를 하면 인쇄하기가 훨씬 편리하다는 점도 한몫했습니다. 과거의 인쇄 기술로는 모아쓰기로 인쇄를 하려면 2,000~3,000개의 활자가 필요했는데 풀어쓰기를 하면 60개 정도의 활자만 있으면 되었거든요.

하지만 훈민정음 창제 때부터 오랫동안 이어진 모아쓰는 습관을 한순간에 없애기란 어려운 일이었습니다. 게다가 컴퓨터가 발전하고 인쇄 기술이 발전하면서 모아쓴다고 해서 인쇄하기가 더 번거롭거나 어려울 일도 없어졌습니다. 그래서 한글 풀어쓰기는 상상으로만 끝나고 실제로 현실이 되지는 않았습니다.

젊은 글자, 한글

세계에는 약 5,000개의 언어가 있습니다. 그중 문자를 갖고 있는 언어는 100여 개에 지나지 않지요. 한글은 그 100여 개 중에서도 매우 젊은 글자에 속합니다. 연구에 따르면 문자는 구석기 시대인 기원전 5만 년경부터 만들어졌다고 합니다. 구석기인들이 돌이나 뼈에 그림을 새길 때 문자도 시작된 것이지요. 하지만 한글은 1443년에 만들어졌으니 이제 600세도 채 되지 않았습니다.

한글처럼 비교적 젊은 글자 중에는, 만든 사람이 누구인지 정확히 밝혀진 경우가 더러 있습니다. 창제한 사람이 밝혀진 문자 가운데 가장 오래된 언어는 '거란 문자'라고 알려져 있습니다. 거란 문자는 요나라의 태조가 920년에 한자의 모양과 원리를 참고해서 만들었다고 하지요. 가장 최근에는 영국의 언어 치료사 알렉산더 멜빌 벨이 1867년에 만든 이른바 '벨의 문자'가 있습니다. 벨은 청각 장애가 있는 학생들을 위한 문자가 있으면 좋겠다는 생각에 새로 문자를 만들었다고 하지요.

하지만 이들 글자는 한글만큼 널리 쓰이고 있지는 않습니다. 한글은 무척 젊은 글자임에도, 한국어를 쓰는 수천만 명의 사람이 두루 쓰는 글자로서 세계 문자사의 한자리를 당당히 차지하고 있지요.

- 한글은 조선 시대에 정음, 언문 등 다양한 이름으로 불리다가 1894년에 나 랏글로 인정받았으며, 일제 강점기부터 '한글'이라는 이름으로 두루 불리 게 되었다.
- 한글은 문자를, 한국어는 언어를 가리키는 말로 이 둘은 서로 다르다.
- 한글은 소리글자이자 음소 문자이며, 음소 문자로는 독특하게 풀어쓰지 않고 모아쓰기를 하는 글자이다. 또한 역사가 600년이 채 되지 않은 젊은 글자이다.

2장 훈민정음, 한글의 시작

세종은 왜 새로운 글자를 만들었을까?

서울 광화문 한복판에는 세종 대왕 동상이 서 있습니다. 그 동상을 자세히 살펴보면 세종이 왼손에 책을 한 권 들고 있지요. 그 책은 무슨 책일까요? 세종이 이룬 가장 훌륭한 업적이 무엇인지 생각해 보면 어렵지 않게 추측할 수 있습니다. 바로 《훈민정음》 해례본입니다. 책의 정확한 이름은 그냥 '훈민정음'인데, 세종이 만든 글자인 '훈민정음'과 이름이 똑같아 헷갈릴 수 있어 따로 해례본이라는 단어를 붙여 부르지요.

《훈민정음》 해례본은 세종 28년인 1446년에, 즉 훈민정음을 만든 지 3년 후에 세종과 **집현전** 학자들이 함께 집필해서 펴낸 책입니다. 새로운 글자를 만들었으니 그 글자가 어떤 글자인지 해설하는 책을 지은 것이지요. 이 책에는 훈민정음을 만든 목적과 동기, 원리가 자세히 나와 있습니다. 그래서 후대 사람들이 훈민정음을 이해하는 데에 아주 중요한 열쇠가 되었지요.

책의 서문에는 이렇게 쓰여 있습니다.

우리나라 말이 중국과 달라 한자와는 서로 통하지 않으므로 어리석은 백성이 말하고자 하는 바가 있어도 끝내 제 뜻을 펴지 못하는 사람이 많으니라. 내가 이것을 가엾게 여겨 새로 스물여덟 글자를 만드니, 모든 사람들로 하여금 쉽게 익혀서 날마다 쓰는 데 편하게 하고자 할 따름이니라.[3]

이를 보면 우리나라 말이 중국과 다르다는 것이, 새로운 글자를 만들게 된 이유임을 알 수 있습니다. 우리나라 말과 중국어가 대체 어떻게 다르기에 새 글자가 필요하다고 생각했던 것일까요? 많은 차이점 중 크게 몇 가지를 꼽을 수 있습니다.

우리나라 말이 중국과 달라

우선 우리말은 중국어와 어순이 다릅니다. 우리말은 주어, 목적어, 서술어로 이어집니다. 즉 "나는(주어) 너를(목적어) 좋아해.(서술어)"와 같은 순서로 말하지요. 하지만 중국어로는 이 말을 "나는 좋아해 너를."(我喜歡你.)과 같은 순으로 말합니다. 목적어보다 서술어가 먼저 오지요. 그런 면에서는 "I like you."라고 말하는 영어와 비슷해요.

그러니 훈민정음이 만들어지기 전에, 우리 조상들은 말로는 "나는 당신을 사모하오."라고 하면서 그것을 글로 적을 때는 마치 우리가 영어 문장을 궁리할 때처럼 문장 순서를 바꾸는 수고를 한 뒤에 쓴 겁니다. 글이 짧을 때라면 모를까, 긴 글을 쓸 때는 참 불편했겠지요.

또 우리말은 '-는', '-를'과 같은 조사를 많이 활용합니다. 그런 조사들이 단어의 성분도 결정하지요. 예컨대 '나'에 '-는'을 붙여 '나는'이라고 말하면 주어가 되지만, '나'에 '-를'을 붙여 '나를'이라고 쓰면 목적어가 됩니다. 그렇게 조사를 활용하면 되니, 문장 속에서 단어 순서가 조금 바뀌어도 큰 상관이 없습니다. 예컨대 "좋아해, 나는 너를."이라고 순서를 바꾸어 말해도 말뜻이 완전히 달라지거나 이해하는 데에 큰 문제가 생기지는 않습니다. 이런 특징이 있는 언어를 어려운 말로 교착어라고 합니다. 하지만 중국어는 교착어가 아니라 고립어입니다. 조사를 활용하지도 않고, 문장 안에서 단어의 위치에 따라 의미도 달라지기 때문에 우리말처럼 순서를 함부로 바꾸어 쓸 수 없습니다.

또 중국어에는 우리말에 없는 특징이 하나 있습니다. 바로 **성조**입니다. 즉 같은 글자라도 어떤 높이에서 읽느냐에 따라 의미가 크게 달라집니다. 그래서 중국어를 배울 때는 반드시 성조를 함께 익혀야 하지요. 우리말에도 억양과 높낮이가 있기는 하지만 그에 따라 단어의 뜻이 확확 달라지지는 않아요.

이렇게 중국말과 우리말에 차이가 있기 때문에, 한국어를 표기하는 글자로 한자를 그대로 쓰기에는 어려움이 있었습니다. 세종은 이에 문제를 느끼고 새 글자를 만들어야겠다고 생각한 것이지요.

어리석은 백성을 가르치려면

세종이 새 글자가 필요하다고 여긴 이유는 또 있습니다. 세종 10년인 1428년, 나라에 흉흉한 사건이 하나 일어났습니다. 진주에 사는 김화라는 사람이 자신의 아비를 죽인 것입니다. 이 사건을 알게 된 세종은 근심이 깊어졌고, 백성들에게 충효와 같은 유교 윤리를 더 널리 가르칠 필요가 있다고 생각하게 되었습니다. 조선은 불교 국가였던 고려와 달리 유교를 건국이념으로 하는 나라였기 때문에, 유교의 가치를 널리 알리는 것은 곧 왕권을 강화하는 일과도 관계가 있었습니다. 그래서 세종은 그해에 중국의 효자 이야기가 담긴《효행록》을 펴내었습니다. 고려 말에 나왔던 책을 고치고 다듬어 낸 것이지요. 물론 아직 우리 글자가 없었으니 한자로 펴냈습니다. 하지만 양반이 아닌 백성들 중에는 한자를 읽을 줄 아는 이가 드물었기 때문에 이 책이 얼마나 효과가 있을지 알 수 없었습니다. 세종은 다시 1432년에 집현전 학사들을 통해《삼강행실도》를 펴냈습니다. 이번에는 백성들도 읽을 수 있도록 한자와 함께 그림도 그려 넣었습니다. 지금으로 치면 만화책과 비슷하지요. 그림이 있으니 한결 보기가 나아지기는 했지만, 한자의 벽은 여전히 높았습니다. 이런 과정에서 세종은 '어리석은' 백성들도 쉽게 읽을 수 있는, 그래서 백성들을 가르칠 수 있는 새 문자를 짓는 꿈을 꾸게 되었습니다.

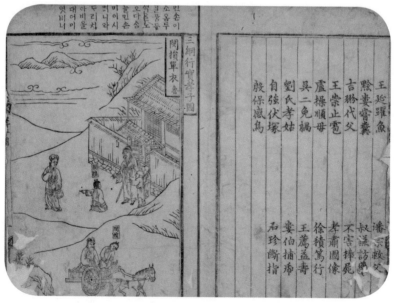

▍그림 위에 훈민정음으로 언해를 덧붙인 《삼강행실도》. 훈민정음 창제 이전에는 언해가 없이 한자로만 쓰여 백성들이 이해하기가 쉽지 않았다.

한자 발음 기호가 필요해

새 글자가 필요한 이유는 한 가지 더 있었습니다. 바로 한자의 정확한 음을 표시할 발음 기호가 마땅치 않다는 것이었습니다. 중국과 조선은 거리가 꽤 멀다 보니 같은 한자라도 중국 현지에서 읽는 발음과, 조선에서 읽는 발음이 서로 조금씩 달랐습니다. 이는 지금도 마찬가지입니다. 예컨대 우리가 흔히 '주윤발'이라고 부르는 중국 영화배우의 이름은 周潤發로, 현재 중국 사람들은 '저우룬파'에 가깝게 읽습니다. 한자 그대로 우리말로 읽으면 주윤발인데 중국 사람들의 발음과는 비슷하면서도 다르지요.

이런 차이가 조선 시대에도 있었습니다. 심지어 조선 시대에는 중국의 여러 시대, 여러 지방의 음과 뜻이 뒤섞여 쓰이고 있었습니다. 이 때문에 중국과 무역이나 외교를 할 때 곤란이 있었습니다. 정확한 중국어 발음을 구사하려면 각 한자의 중국어 발음 기호를 정확히 기록해 두고 익혀야 합니다. 그런데 당시에는 그럴 수단이 별로 없었습니다. 그 때문에 글을 써서 대화하는 필담을 할 때라면 몰라도, 통역을 할 때는 문제가 생길 수 있었습니다.

꼭 무역이나 외교를 하지 않더라도, 우리나라에서 쓰이는 한자음을 통일하기는 해야 했습니다. 한시를 지을 때 필요했기 때문입니다. 한시를 지을 때는 운을 맞추는 것이 중요한데, 운을 맞추려면 한자마다 정확히 어떻게 소리 나는지 알아야 합니다. 이와 같이 조선 시대에는 한자의 소리를 표기할 발음 기호가 여러모로 필요했습니다.

어떤 학자들은 이것이 훈민정음의 이름을 훈민정'문'이나 훈민정'자'가 아닌 '훈민정음'이라 지은 까닭이라 짐작하기도 합니다. 훈민정음은 한자의 발음을 표기하는 역할이 컸다는 것이지요. 세종 대왕이 새 글자를 만든 데에는 이렇게 여러 배경이 있었습니다.

발음 기관을 본떠 만든 자음

세종은 지금 기준으로 보아도 매우 과학적인 방식으로 새로운 글자를 만들었습니다. 먼저 자음의 경우 사람의 발음 기관을 본떠 만들었습니다. 그럼 발음 기관에는 무엇이 있을까요? 말을 할 때 우리의 입이 어떻게 움직이는지 잘 생각해 보면 알 수 있습니다. 입술, 잇몸, 혀, 목젖, 목구멍 등이 우리의 발음 기관이지요.

세종은 소리를 낼 때 공기가 어떻게 드나드는지, 혀는 어떻게 움직이고 입술 모양은 어떻게 변하는지를 유심히 관찰했습니다. 그리고 그를 토대로 자음(닿소리)을 고안해 냈습니다. 혀뿌리 근처에서 나는 어금닛소리(ㄱ), 혀가 잇몸에 닿을 때 나는 혓소리(ㄴ), 입술을 붙였다가 뗄 때 나는 입술소리(ㅁ), 혀가 이에 닿거나 스칠 때 나는 잇소리(ㅅ), 목구멍에서 나오는 목구멍소리(ㅇ)들을 생각해 낸 것이지요. 글자의 모양 자체가, 그 소리가 나는 발음 기관을 닮아 있지요.

ㄱ ㄴ ㅁ ㅅ ㅇ 다섯 개의 기본 자음을 만든 세종은 여기에 획을 더하여 다른 자음들을 만들었습니다. 즉 ㄱ에 획을 하나 더해 ㅋ을 만들었습니다. 또 ㄴ에서 뚫려 있는 위쪽에 획을 더해 ㄷ을, 그리고 그 가운데에 하나 더 획을 그어 ㅌ을 만들었지요. 조금씩 모양이 바뀐 것도 있습니다. 예를 들어 ㄹ은 ㄴ과 같은 혓소리이지만 혀가 마치 춤을 추듯 움직일 때 나는 소리여서 ㄴ의 모습을 많이 변형해 만들었지요.

이런 방식으로 세종은 자음 17자를 만들었습니다. 그리고 이들 자음을 두 번 나란히 씀으로써 새 글자를 추가로 만들어 쓸 수 있도록 했습니다. 즉 ㄱ을 두 번 겹쳐 써서 ㄲ을, ㅂ을 두 번 겹쳐 써서 ㅃ을 쓰도록 했지요. 이런 원칙까지 세우고 나니 자음이 모두 완성되었습니다.

알아 두기

《훈민정음》해례본은 어떻게 세상에 나타났을까?

《훈민정음》해례본은 훈민정음을 이해하는 데에 아주 중요한 책임에도 오랫동안 베일에 싸여 있었습니다. 그런 책이 있다는 기록만 있을 뿐 어디에도 책이 없었기 때문입니다. 그러다 일제 강점기인 1940년에 안동에 사는 '진성 이씨' 집안에서 드디어 한 권이 발견되었습니다. 이를 조선의 대수장가 간송 전형필이 어렵사리 사 들였지요. 간송은 혹여 일제에 빼앗길세라 광복 전까지는 이를 비밀에 부쳤다가, 광복 후에 공개했습니다.

《훈민정음》해례본을 발견하면서 우리는 비로소 훈민정음을 만든 원리와 이유 등을 정확히 알 수 있게 되었습니다. 이 해례본은 대한민국 국보 제70호로 지정되었고 1997년에는 유네스코 세계 기록 유산에도 등재되었습니다.

그런데 놀랍게도 2008년 경북 상주에서 또 다른 《훈민정음》해례본을 소유한 사람이 나타났습니다. 상주에 사는 배익기 씨가 한 권을 가지고 있다고 밝힌 것입니다. 이로써 세상에 한 권밖에 없는 줄 알았던 《훈민정음》해례본이 두 권이 되었습니다. 상주에서 발견되었다고 해서 이 책을 《훈민정음》해례본 '상주본'이라고 부릅니다. 먼저 발견된 책은 '간송본'이라 부르고 있지요.

간송본은 간송미술관에 소장되어 있는데, 상주본은 아직 배익기 씨가 가지고 있습니다. 이 책을 둘러싼 소송이 10년 넘게 진행되었는데, 2019년 7월, 대법원은 이 책의 법적 소유권이 문화재청, 즉 국가에 있음을 다시 한번 확인했습니다.

하늘과 땅과 사람을 모음에 넣다

그럼 모음은 어떻게 만들었을까요? 세종 대왕은 자음과 달리 모음에는 조금 철학적으로 다가갔습니다. 세상을 이루는 하늘, 땅, 사람이라는 세 요소를 글자의 바탕으로 삼기로 한 것입니다. 세종은 하늘은 점(·)으로, 땅은 수평선(ㅡ)으로, 사람은 수직선(ㅣ)으로 표현했습니다. 그리고 하늘과 땅과 사람을 어울리게 해서 ㅏ, ㅑ, ㅗ, ㅛ, ㅜ, ㅠ 등 다양한 모음을 만들어 냈습니다. 그렇게 해서 모음 11개가 완성되었습니다.

"비록 바람 소리, 학 울음, 닭 홰치는 소리, 개 짖는 소리라도 모두 쓸 수 있게 되었다."

《훈민정음》 해례본 서문에 쓰인 집현전 학사 정인지의 글은 훈민정음 창제의 의미를 잘 보여 줍니다.

알아 두기

세종이 만든 28자 중 지금 우리가 쓰지 않는 글자는?

세종은 모두 28자를 만들었지만 지금 우리는 24자만 사용하고 있습니다. 훈민정음에 있었지만 사라진 글자는 자음 ㅿ, ㆆ, ㅇ과 모음 · 가 있습니다. 이중 아래아(·)는 현대 한국 표준어에는 없지만 다양한 디자인에 사용되고 있어서 지금도 친숙합니다. '훈글'이라는 한글 문서 편집 프로그램 이름에도 아래아가 쓰여 있지요.

최만리의 반대

세종은 1443년에 훈민정음을 만들고 3년 뒤에 이를 반포했습니다. 그러자 당시 조선 최고의 학술 연구 기관이었던 집현전의 학사들을 포함해 여러 양반이 이에 반대하고 나섰습니다. 그중 가장 대표적인 사람이 바로 최만리입니다. 집현전 학사 중에서도 부제학이라는 꽤 높은 직책에 있었던 최만리는 세종에게 상소를 올리면서 훈민정음을 반대하고 나섰습니다.

> "만일 중국에라도 흘러 들어가서 혹시라도 비난하여 말하는 자가 있사오면, 어찌 대국을 섬기고 중화를 사모하는 데에 부끄러움이 없사오리까."[4]

최만리가 반대한 이유에는 여러 가지가 있습니다. 우선 중국 중심의 질서를 거스르는 일이 될까 봐 우려했습니다. 최만리가 보기에 한자가 아닌 자기 나라 문자를 갖는 것은 문화 국가로서 위험한 일이었습니다. 그때까지 최만리가 알기로 몽골, 여진 등 일부 오랑캐만이 자기 나라 문자를 쓰고 있었지요. 그래서 혹시라도 중국에서 훈민정음을 두고 좋지 않게 여길까 봐 걱정이 컸습니다.

훈민정음이 너무 쉬운 글자라는 것도 최만리가 반대한 이유였습니다. 훈민정음은 집현전 학사인 정인지가 《훈민정음》 해례본에서 "지혜로운 사람은 아침나절이 되기 전에 이를 깨우치고, 어리석은 이라도 열흘이면 배울 수 있다."라고 할 만큼, 배우고 익히기가 무척 쉬웠습니다. 한 글자, 한 글자마다 음과 뜻을 따로 익혀야 하는 한자와는 비교가 되지 않았지요.

그래서 최만리는 관리들이 어려운 한자는 제쳐 두고 새 글자만 배우려 들면 나라의 문화가 천박해질까 봐 걱정했습니다. 한자로 된 책을 열심히 읽어서 명나라의 문화와 예를 배워야 문화 국가가 될 수 있는데 관리들이 한자 공부를 소홀히 하면 그러기가 어려워진다 생각한 것이지요. 이는 최만리뿐만 아니라 많은 양반의 생각이기도 했습니다.

훈민정음을 널리 알려라

세종은 이런 반대에 흔들리지 않았습니다. 오히려 훈민정음을 더욱 널리 알리려고 애썼습니다. 훈민정음 해설서인 《훈민정음》 해례본을 펴내는가 하면 둘째 아들 수양대군에게는 석가모니 이야기를 담은 불교 경전인 《석보상절》을 훈민정음으로 쓰게 했습니다. 또 집현전 안에 따로 '언문청'이라는 관청을 설치해 훈민정음과 관련된 책들을 펴내도록 했습니다.

또 하급 관리들을 뽑는 시험 과목에 훈민정음을 넣었습니다. 지금으로 치면 공무원 채용 시험에 한글 과목을 넣어 공무원들부터 새 글자를 익히도록 한 것입니다. 집현전 학사들에게는 대표적인 유교 경전인 사서, 즉 《논어》, 《맹자》, 《중용》, 《대학》을 훈민정음으로 번역하게 했습니다.

세종은 훈민정음으로 지은 책도 만들었습니다. 조선의 역사와 조선 왕조의 정당성을 노래하는 《용비어천가》를 만들어 배포했지요. 《용비어천가》는 훈민정음으로 지은 최초의 글입니다. 한자의 발음 기호를 훈민정음으로 새로 적은 책도 지었습니다. 일종의 한자 발음 사전인 《동국정운》이 바로 그것입니다. '동국(우리나라)의 바른 소리'라는 책 제목에 걸맞게 우리나라에서 쓰이는 한자의 발음 기호를 훈민정음으로 체계적으로 정리했지요.

이런 노력에 힘입어 훈민정음은 조금씩 조선 사회 안에 퍼져 나갔습니다.

"앞으로는 언문을 가르치지도 말고 배우지도 말며,
이미 배운 자도 쓰지 못하게 하라."

훈민정음이 창제된 뒤 약 60년 후, 연산 10년인 1504년에 쓰인 《조선왕조실록》에는 이런 기록이 있습니다. 연산군이 한글을 쓰지 말라 명한 것입니다. 심지어 연산군은 관리들의 집에 있는 한글로 된 책을 다 불사르라고 명하기까지 합니다. 연산군은 왜 이런 명을 내렸던 것일까요? 계기는 이름을 알 수 없는 누군가가 한글로 써서 보낸 **투서**였습니다. 연산군이 포악하게 정치를 하자, 보다 못한 백성 중 누군가가 왕의 비행을 한글로 쓴 것입니다. 이에 분노한 연산군은 투서의 범인을 찾으려고 한글을 아는 자를 수소문하는 한편, 한글을 아예 금지하기에 이릅니다. 당시 연산군은 궁궐의 일이 궁궐 밖으로 알려지는 것을 무척 꺼렸습니다. 어느 궁인이 궁의 일을 밖에 전했다는 이유로 저잣거리에서 목을 베게 할 정도였지요. 멀찍이서 궁이 보이는 집은 아예 이사를 가도록 할 정도로 연산군은 날로 폐쇄적으로 되어 갔습니다. 그러던 차에 한글로 된 투서가 날아들자, 분노를 감추지 못한 것이지요. 학자들은 그 원인이 억울하게 죽은 어머니(폐비 윤씨)에 대한 분노와 복수심에 있으리라 짐작합니다.

하지만 연산군이 임금으로 지낸 기간 내내 한글을 금지한 것은 아니었습니다. 투서의 범인을 찾으려는 노력이 실패한 뒤에는 오히려 한글을 장려하는 일을 많이 벌였습니다. 역사책을 한글로 번역하도록 지시하기도 했지요. 그래서 학자들은 연산군이 역사 속에 '폭군'으로 기록되어 있기는 하지만, 언문을 금지한 것은 투서 때문이었지 한글 자체를 탄압한 것은 아니라고 평가하기도 합니다.

간추려 보기

- 세종은 중국과 달라 통하지 않는 우리말을 제대로 적고, '어리석은' 백성을 가르치고, 한자의 발음을 정확히 기록하기 위해 새 글자인 훈민정음을 만들었다.
- 훈민정음의 자음은 사람의 발음 기관을 본떠 만들어졌고, 모음은 하늘, 땅, 사람을 표현하여 만들어졌다.
- 최만리는 훈민정음이 중국 중심의 질서를 거스르는 한편, 훈민정음 때문에 관리들이 한자 공부를 소홀히 할까 봐 훈민정음에 반대했다. 하지만 세종은 그런 반대를 물리치고 훈민정음 반포에 힘썼다.

3장 백성 속으로 들어간 한글

서당에서 배운 한글

"하늘 천 따 지 검을 현 누를 황……."

조선의 서당을 이야기할 때면, 많은 사람이 이렇게 책 읽는 소리를 떠올립니다. 아이들이 스승 앞에 나란히 앉아서 《천자문》을 외는 소리지요. 서당은 조선의 양반 자제들이 공부하는 일종의 학교입니다. 한자 1,000자가 실린 《천자문》은 그 서당의 교과서와 같았지요. 많은 조선의 아이가 이 책으로 공부를 했습니다.

서당 하면 《천자문》부터 떠오르기 때문에 서당에서는 한자만 배웠다고 생각하기 쉽습니다. 그런데 아이들이 서당에서 《천자문》을 익히기 전에 먼저 배운 것이 있습니다. 바로 한글입니다. 조선 시대에 서당에서는 《천자문》을 가르칠 때 한글로 음과 뜻을 달아서 가르쳤습니다. 그러면 아이들이 한자를 익히기가 훨씬 수월했기 때문입니다.

아예 처음부터 한글로 음과 뜻을 달아 둔 책도 나왔습니다. 조선의 역관 최세진이 1527년에 지은 《훈몽자회》입니다. 이 책을 지은 이유를 최세진은 책 속에서 이렇게 밝혔습니다.

"변두리나 시골에 사는 사람들 중에는 반드시 언문을 이해하지 못하는 사람이 많을 것이다. 그렇기 때문에 지금 언문자모를 함께 기록하여 그들로 하여금 언문을 먼저 익히게 하고 다음에 훈몽자회를 익히면 깨닫고 가르치는 유익함이 있을 것이다."[5]

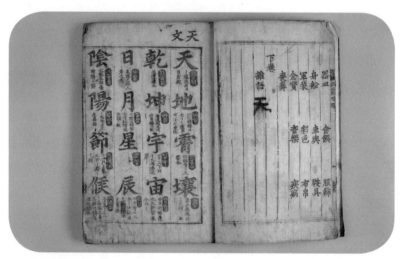

▌《훈몽자회》목판본

최세진은 《천자문》도 아이들이 공부하기에는 너무 어렵다는 생각에 일상 생활을 중심으로 새롭게 책을 지었습니다. 《훈몽자회》에는 약 3,360자의 한자가 들어 있는데 그 음과 뜻을 모두 한글로 달아 두었지요. 최세진은 책 앞쪽에 훈민정음에 대한 설명까지 넣어 훈민정음부터 제대로 익히도록 했습니다.

이런 덕분에 서당 교육이 널리 퍼진 16세기 이후 조선 시대 양반들 대부분은 한글을 읽고 쓸 줄 알게 되었습니다. 비록 한자 공부를 위한 수단으로서 배우기는 했지만 결과적으로 그 덕분에 한글이 널리 보급되었지요.

양반가의 남자아이들이 서당에서 정식으로 한글을 배웠다면 여자아이들은 집에서 집안 어른들에게 한글을 배웠습니다. 어머니, 외할머니 등에게 배워 익혔지요.

사례탐구 **역관 최세진이 훈민정음의 이름을 지었다고?**

세종 대왕은 훈민정음을 창제하기는 했지만, 각 글자들의 이름을 지어 밝히지는 않았습니다. 즉 지금 우리가 기역, 니은, 디귿이라고 부르는 각 글자의 이름에 대해 세종이 어떻게 불렀는지는 알려진 바가 없습니다. 이 이름들은 나중에 역관 최세진이 붙인 것입니다.

모음은 쓰인 그대로 '아 야 어 여' 하고 읽으면 되니 글자가 곧 그 이름이 되지만, 자음은 다릅니다. 'ㄱ'이라고 쓸 수는 있지만 이것을 부르려면 따로 이름이 필요합니다. 이런 필요를 느낀 최세진은 연구 끝에 가장 발음하기 쉬운 'ㅣ'와 'ㅡ'를 넣어서 자음의 이름을 만들었습니다. 리을, 미음과 같은 식으로요. 그리고 자신이 만든 한자 학습서 《훈몽자회》의 앞머리에 그 이름을 써 넣었지요.

그런데 한 가지 궁금증이 남습니다. 이런 원리대로라면 왜 기역은 기윽이 아니라 기역이 되었을까요? 여기에는 이유가 있습니다. 최세진은 이름을 적을 때 한자를 빌려서 적었습니다. 그런데 '윽'으로 소리 나는 한자가 없어서 부득이 그와 비슷한 역(役) 자를 써야 했지요. 그러고는 그럴 수밖에 없는 사정을 따로 메모도 해 두었습니다. 학자들은 아마도 당대에는 최세진이 역(役)이라고 써 놓고 윽과 비슷하게 읽었으리라 짐작합니다. 하지만 오늘날 우리는 당대의 정확한 발음을 알 수 없으니 쓰여 있는 그대로 읽을 수밖에 없지요. 그래서 ㄱ의 이름은 기윽이 아니라 기역이 되었습니다.

한글에 대한 다양한 정보가 들어 있는 덕분에 《훈몽자회》는 한자 교육서임에도 오늘날 한글 연구를 할 때 중요한 자료로 꼽힙니다. 세종과 지금의 우리를 이어 주는 책이라고 할 수 있지요.

백성의 일상 속 언문

한글을 아는 사람이 조금씩 늘어나면서, 백성들도 일상생활에서 한글을 활용하기 시작했습니다. 그릇이나 담뱃대 등에 주인이 누구인지, 수량은 몇 개인지를 한글로 메모해 두기도 했습니다. 복을 기원하고 점도 치는 데에 한글을 쓰기도 했지요.

한글로 된 책이 여럿 나오면서 생활 속에서 책을 활용할 수도 있게 되었습니다. 언문으로 번역한 《삼강행실도》가 나오는가 하면, 의학 책인 《구급간이방》이 나와서 상처를 치료하고 병을 예방하는 데에 도움을 주었습니다. 또 《동의보감》으로 유명한 허준은 임금의 명을 받아 임신과 출산에 관해 다룬 《언해태산집요》라는 책을 언문으로 내기도 했습니다.

조선 후기의 실학자인 정학유는 농사짓는 백성들을 위해 《농가월령가》라는 책을 펴냈습니다. 농사짓는 법이 담긴 이 책은 노래 형식으로 쓰여서 백성들이 더 쉽게 이해할 수 있었지요. 한글로 쓰인 여러 책은 백성들의 삶 속으로 들어가 많은 지식을 전해 주었습니다.

《한중록》에 남긴 궁중 여성의 삶

여성 중에서도 한글로 직접 글을 쓰고 책을 짓는 사람들이 나타났습니다. 사대부 양반들은 한글을 알아도 크게 활용하지 않았지만 여성들은 달랐습니다. 여자라는 이유로 한자를 배울 길이 별로 없었던 여성들은 한자 대신 한글을 배워 다양하게 활용했습니다. 특히 편지를 쓸 때 한글이 무척 요긴했습니다. 언문으로 쓴 편지라 해서 '언간'이라고 불린 많은 편지는 지금까지도 전해지며 당시의 생활상을 보여 줍니다.

왕실 여성들은 역사적인 기록물을 남기기도 했습니다. 대표적인 것이 바로 혜경궁 홍씨가 쓴 회고록 《한중록》입니다. 한중록은 제목 그대로 읽으면 '한가한 가운데 쓰다'라는 뜻입니다. 하지만 이 책에 담긴 글은 그렇게 한가로울 수 없었습니다. 혜경궁 홍씨는 뒤주에 갇혀 죽은 사도세자의 부인이자 정조의 어머니이기 때문입니다.

혜경궁 홍씨는 아홉 살이라는 어린 나이에 세자빈으로 간택되어 궁에 들어갔습니다. 80여 년의 인생 중 70여 년을 궁에서 보낸 셈이지요. 그 70여 년 동안 많은 사건이 일어났습니다. 남편인 사도세자가 아버지 영조와 대립하다가 끝내 목숨을 잃었고, 아들인 정조가 즉위한 뒤에는 친정이 몰락해 갔지요. 1795년부터 약 10년 동안 네 번에 걸쳐 집필해 완성한 《한중록》에서 혜경궁 홍씨는 자신이 겪은 사건들과 그때의 애타는 심정을 구체적으로 밝혀 놓았습니다.

혜경궁 홍씨가 순 한글로 꼼꼼히 기록한 덕분에 지금 우리는 《조선왕조실록》과 같은 공식적인 기록물에는 잘 담기지 않은, 다채로운 이야기를 만날 수 있습니다. 남성들의 기록과는 또 다른, 여성들의 입장과 생각을 알 수 있지요.

양반가의 여인, 요리책을 쓰다

왕실 여성뿐만 아니라 양반집 여성들도 언문으로 책을 썼습니다. 가장 대표적인 것이 최초의 한글 요리책인 《음식디미방》입니다. 책 제목이 '음식 맛을 아는 방법'이라는 뜻인 이 책은 17세기에 지금의 경상북도 안동과 영덕 지역에서 살았던 장계향이라는 여성이 썼습니다.

장계향은 어릴 때부터 서예와 그림에 능한 영민한 아이였다고 전해집니다. 또 요리 솜씨가 남다르고 어려운 이웃을 돕는 것을 좋아하는 사람이었다고 하지요. 그래서 모처럼 좋은 음식 재료가 생겨도 요리법을 알지 못해 버리고 마는 이웃들을 보며 무척 안타까워했습니다.

딸과 며느리에게 요리법을 전해 주기 위해서, 그리고 더 많은 여성과 경험과 지식을 나누기 위해서 장계향은 국수, 만두, 떡 등 146가지의 음식 요리법을 순 한글로 자세히 썼습니다. 자신이 개발한 요리법은 물론 친정에서 배운

◎ 떡 볶 이

재료 三人分

흰떡	열두개
고기	반근
간장	반종자
파	두뿌리
표고	네조각
석이	두조각
버섯	넷
실백	한숫가락
미나리	한보시기
기름	반숫가락
깨소금	한숫가락
호초	조금
계란	한개
물	한보시기

고기를 얇게 골패짝만큼식 썰고 파는 한치 길이로
잘라서 대강 채처고 표고 버섯 석이 (약념만드는 법에서 읽을것)
미나리는 정하게 다듬어서 한치 길이로 잘러서
소금에 잠간 절여서 꼭 짜가지고 번철에 기름을 바르고
잠간만 볶아놓고 (파타지않도록 채 식힐일)
둘에 깨쳐놓고 (서 기름을 발러놓는것) 흰떡은 칠푼 길이로 잘라서
반은 얇게 부쳐서 서푼 넓이 닷분 길이로 썰고
남은반은 고기 볶는대섞고 미나리와 떡만 남겨놓고서
전부함게 넣고 볶아서 고기가 익은 후에 흰떡과 기름파
미나리를 넣고 오분쯤 더 뿜여서 합에 담고 맨우에 계란
약념을 색스럽게 언고 실백을 뿌려서 상에 놓나니라

1917년에 방신영이 쓴 《조선요리제법》. 《음식디미방》이 조선 시대의 요리를 소개한 한글 책이라면, 《조선요리제법》은 구한말 이후의 요리를 한글로 소개한 책이다.

요리법, 다른 사람이나 다른 마을에서 알게 된 요리법까지 두루 모아 밝혀
두었지요. 그중 '어만두' 만드는 법을 살짝 살펴보면 이렇습니다.

"고기를 아주 얇게 저며 소를 석이·표고·송이·생치·백자 한데 짓두드려
지렁기름에 볶아 그 고기에 넣어 녹두가루 빚어 잠깐 녹두가루를 묻혀 만
두같이 삶아 쓰느니라."[6]

어만두는 생선 살로 만두피를 만든 아주 귀한 음식입니다. 만두 요리가 있는 나라들에서도 쉽게 찾아보기 힘든 음식이지요. 《음식디미방》에는 이렇게 왕실 음식이라 해도 좋을 귀한 음식부터 메밀로 만든 만두처럼 일상의 음식까지 다양한 조리법이 소개되어 있습니다.

장계향은 팔순을 넘겨 1680년에 세상을 떠났는데, 이 책은 그의 인생 중에서도 말년에, 일흔이 넘은 나이에 썼다고 전해집니다. 그래서 책의 말미에 장계향은 이런 당부를 남기기도 했지요.

"이 책을 이리 눈 어두운데 간신히 썼으니 이 뜻을 알아 이대로 시행하고 딸자식들은 각각 베껴 가되 이 책을 가져갈 생각일랑 생심(내지) 말며, 부디 상치(상하지) 않게 간수하여 수이(쉽게) 떠러 버리다(떨어져 버리게) (하지) 말라."[7]

장계향의 당부를 후손들이 잘 기억한 덕분에 지금까지 전해져 오는 《음식디미방》은 책장이 떨어져 나가거나 하는 일 없이 그 원본이 잘 보존되어 있습니다. 그래서 오늘날에도 조선 시대의 요리에 대해 많은 정보를 주고 있지요.

김만중이 한글 소설을 쓴 이유

한글이 보급되면서 나타난 가장 큰 변화는 뭐니 뭐니 해도 한글 소설이 크게 유행한 것입니다. 한글을 읽고 쓸 줄 아는 사람이 점점 많아지면서, 한글 소설들이 하나둘 쓰이기 시작했습니다. 양반들 중에도 한글로 소설을 쓰는 이들이 나타났고 그중 몇 작품은 시대의 베스트셀러가 되었습니다. 대표적인 작품이 김만중의 《구운몽》입니다. 우리 고전 문학에서 환상 문학으로 손꼽히는 작품이지요. 이 소설에는 특별한 사연이 있습니다. 《구운몽》을 쓸 때 작가 김만중은 당시의 왕이었던 숙종의 미움을 사서 귀양살이 중이었습니다. 한양에서 멀리 평안도로 유배를 간 김만중은 집에 남은 어머니가 걱정되었습니다. 어머니를 위로해 드릴 방법을 찾다가, 어머니가 소설을 좋아한다는 사실을 떠올리며 쓴 소설이 바로 《구운몽》입니다.

김만중이 지은 한글 소설 《구운몽》

《구운몽》의 인기는 대단했습니다. 어찌나 좋아하는 사람이 많았던지, 어느 유생은 엄숙해야 할 과거 시험장에서 《구운몽》의 소설 내용을 인용할 정도였습니다. 《조선왕조실록》에는 사간원 관리들이 김만중의 소설 내용을 시험지에 쓴 유생의 합격을 취소해야 한다고 청했다는 기록이 남아 있지요. 《구운몽》은 소설에 대한 당대 사대부들의 생각도 바꾸어 놓았습니다. 그때까지만 해도 양반들은 기이하고 해괴망측한 이야기는 세상에 도움이 되지 않는다며 소설을 멀리했습니다. 하지만 지체 높은 양반이 빼어난 작품을 내놓자, 소설을 달리 보기 시작했지요. 김만중은 《구운몽》에서 그치지 않고 이후 《사씨남정기》라는 한글 소설도 지었습니다. 한글에 남다른 애정을 갖고 소설 쓰기를 계속해 간 셋입니다.

조선의 베스트셀러들

조선 후기인 18세기로 오면 한글 소설이 더욱 활짝 꽃핍니다. 별다른 오락거리가 없던 시절, 한글 소설을 즐기는 사람은 늘어만 갔고 그에 따라 돈을 받고 책을 빌려 주는 가게 등이 속속 등장하게 되지요. 한글 소설이 '상업적인 출판'의 성격을 띠게 되는 것입니다.

책이 워낙 귀한 물건이다 보니 이전에도 서로서로 책을 빌려 읽기는 했지만 이는 어디까지나 아는 사람 사이에 이루어진 일이었습니다. 하지만 조선 후기에는 아예 '쾌가'라는 책 대여점이 정식으로 생겨나지요. 책을 직접 손으로 베껴 쓴 것을 여러 권 갖고 있다가 돈을 받고 빌려주는 가게입니다. 이렇게 빌려주는 것을 '세책'이라고 불렀습니다. 사람이 열심히 베껴 쓰는 것으로도 모자라자 아예 **방각소**라 불리는 인쇄소에서 목판으로 대량으로 책을 인쇄해서 펴내기도 했습니다.

소설책 읽는 데에는 양반, 상민이 따로 없었습니다. 남녀도 불문이었습니다. 여인들은 언문 소설에 빠진 나머지 비녀나 팔찌를 팔아서 소설책 빌릴 돈을 구할 정도였지요.

소설이 인기를 끌자 아예 거리에서 돈을 받고 책을 낭독해 주는 '전기수'라는 직업도 생겨났습니다. 전문 낭독가이니 오늘날로 치면 성우와 비슷한 직업이라 할 수 있지요. 전기수들은 오늘은 이 마을, 내일은 저 마을로 돌며 사람들이 많이 모인 장터에서 책을 맛깔나게 읽어 주었습니다. 책을 잘 낭독하다가도 결정적인 대목에 이르면 입을 꾹 다물어 사람들을 안달 나게 만든 뒤, 궁금증을 참지 못한 사람들이 돈을 내면 다음 대목을 읽어 주는 식이었습니다.

전기수들이 어쩌나 실감 나게 책을 읽었던지 1790년경에는 전기수의 이야기를 듣던 사람이 갑자기 들고 있던 낫으로 전기수를 찌르는 사건이 벌어지기도 했습니다. 이야기에서 영웅이 뜻을 이루지 못하는 대목에 이르자 분을 참지 못하고 일을 저지른 것입니다. 이야기에 너무 깊이 빠져든 나머지 그만 현실과 이야기를 구분하지 못해 생긴 일이었습니다.

전기수들은 글을 알지 못하는 사람, 책 빌릴 돈이 부족한 사람들에게도 소설의 재미를 나누어 주었습니다. 그러면서 백성들 사이에 한글 소설이 크게 유행했지요. 우리가 알고 있는 조선 후기 대표 소설 《춘향전》, 《홍길동전》, 《숙향전》, 《심청전》 등이 바로 그렇게 조선의 베스트셀러가 되었습니다. 이를 통해 한글을 아는 사람들도 좀 더 늘어났고 한글의 표현력도 더욱 커질 수 있었습니다.

"나는 (한)강 주변에 살고 있는 하층민들이 그들 자신의 글씨체를 읽고 쓰고 하는 것을 관찰할 수 있었다."

조선 후기에 우리나라를 방문했던 영국 작가 이사벨라 비숍은 우리나라를 여행하며 쓴 책 《조선과 그 이웃 나라들》에 이렇게 기록한 적이 있습니다. 비숍은 양반들뿐만 아니라 가난한 하층민들까지 문자를 알고 있다는 사실을 무척 흥미로워했지요.

집중탐구 《홍길동전》을 지은 사람이 허균이 아니라고?

조선 중기의 학자 이식이 지은 《택당집》에는 "허균은 또 홍길동전을 지어 수호전에 비겼다."라는 기록이 나옵니다. 뒷날 학자들은 이를 근거로 《홍길동전》의 지은이가 허균이라고 믿었습니다. 그리고 다른 한글 소설들과 비교한 뒤 《홍길동전》은 우리나라 최초의 한글 소설이라고 생각했지요.

그런데 최근 이런 연구가 틀렸다는 주장이 나오고 있습니다. 이윤석 전 연세대 국어국문학과 교수는 허균과 비슷한 시기에 살았던 학자 지소 황일호가 쓴 책 《지소선생문집》에서 홍길동에 관한 또 다른 기록을 찾았다고 밝혔습니다. 이 책에 '노혁전'이라는 이야기가 실려 있는데 그 이야기 앞부분에 "노혁의 본래 성은 홍이고 그 이름은 길동이니,"라는 기록이 나온다는 것입니다. 그리고 그 내용에서도 재주가 많고 밤에는 도적질을 하는 등 한글 소설 《홍길동전》과 비슷한 대목이 많다고 밝혔습니다.

이윤석 전 교수는 이를 토대로 허균이 살던 시대에 이미 홍길동 이야기가 사람들 사이에 떠돌았으며, 《홍길동전》은 허균이 아니라 이름을 알 수 없는 19세기의 작가가 세상의 이야기를 모아 썼을 가능성이 높다고 주장했습니다. 《홍길동전》에 허균보다 후세에 살았던 인물 장길산이 등장한다는 점도 《홍길동전》이 허균의 작품이 아니라는 주장의 근거가 되었습니다. 이 주장이 맞는다면 《홍길동전》은 최초의 한글 소설도, 허균의 작품도 아니게 되지요.

이를 계기로, 지금도 학계에서는 《홍길동전》의 지은이를 둘러싼 연구가 더욱 활발하게 이루어지고 있습니다.

《춘향전》은 왜 한 가지가 아닐까?

조선 후기의 대표적인 한글 소설로 꼽히는 여러 작품은 대부분 '이본'이 많습니다. 이본은 기본 내용은 같지만 세부적으로 조금씩 차이가 있는 작품을 말합니다. 《춘향전》은 이본만 100종이 넘는다고 하지요. 왜 스토리가 이렇게 책마다 달라진 것일까요?

이는 '쾌가'라고 불린 책 대여점과 관련이 있습니다. 여기서는 사람이 손으로 베껴 써서 책을 만들었는데, 그렇게 만드는 과정에서 쓰는 사람에 따라 이야기를 조금 바꾸거나 새로운 이야기를 추가하는 일이 많았습니다. 책을 더 재미있게 만들기 위해서지요. 그러다 보니 인기 있는 작품일수록 내용이 조금씩 다른 이본이 많이 생겨나게 되었습니다.

간추려 보기

- 조선 중기 이후 서당에서는 양반가의 자제들이 한자 학습을 더 쉽게 할 수 있도록 한글을 가르쳤다.
- 한글이 널리 퍼지면서 《한중록》, 《음식디미방》, 《구운몽》 등 한글로 쓰인 책이 등장했으며 남성들뿐만 아니라 여성들도 책을 집필했다.
- 조선 후기에는 전기수 같은 전문 낭독가가 생길 만큼 한글 소설이 큰 인기를 끌었으며 《춘향전》, 《심청전》과 같은 베스트셀러도 탄생했다.

4장 한글이 목숨! 우리글을 지켜라

앞에 있는 사진은 1962년 한글학회 회원들을 찍은 사진이다. 사진 하단에 쓰여 있는 '십일회'는 1942년 조선어학회 수난자 관련 모임의 별칭이다. 사진에서 정 가운데 앉아 있는 사람이 최현배 선생이다.

한글의 현대화

한글은 언제부터 현대화되었을까요? 즉 언제부터 지금 우리가 익히 아는 모습이 되었을까요?《용비어천가》를 비롯해 조선 시대에 쓰인 한글 책들은, 지금 우리가 술술 읽기는 어렵습니다. 박물관에서 옛 서책들을 만나더라도 내용을 다 읽을 수 있는 사람은 드물지요. 우리가 아는 한글과는 형태나 쓰임새가 무척 다르기 때문입니다. 맞춤법도 다르고 지금은 쓰지 않는 글자도 적잖은 데다 세로로 길게 쓰여 있고 띄어쓰기도 되어 있지 않습니다. 같은 한글이라도 옛 문헌의 한글은 지금의 한글과 사뭇 다릅니다.

조선 후기에 한글 소설들이 널리 읽히면서 한글이 점점 대중화되기는 했지만, 한글 자체는 아직 예스러운 형태에 머물러 있었습니다. 통일된 맞춤법 기준이 없어서, 지방마다 사람마다 쓰는 방식이 제각각이기도 했지요. 그랬던 한글은 개화기를 지나 일제 강점기를 거치면서 수많은 학자의 연구와 노력 끝에 현대의 옷으로 갈아입게 됩니다.

한글에 부는 개화의 바람

조선 후기가 지나면서, 우리나라는 큰 변화의 물결에 휩싸입니다. 서양 문물이 들어오고, 중국이 기우는 대신 일본의 힘이 커져 가는 국제 정세의 변화도 겪게 되지요. 변화의 바람은 그간 언문이라 불리던 한글에도 불어왔습니다. 나라가 위태로워지자 서양의 역사와 사상을 일찍 접한 사람들을 중심으로 근대적인 민족의식이 싹트면서 한글의 가치도 새롭게 주목받게 된 것입니다.

조선 말기의 대표적인 개화 사상가인 유길준을 보면 이를 잘 알 수 있습니다. 유길준은 조선의 전통적인 시험인 과거를 거부하고 그 대신 일본과 미국으로 유학을 떠나는 등 당시로서는 파격적인 길을 걸은 인물입니다. 서양을 두루 살펴본 뒤에는 《서유견문》이라는 책을 써서, 조선이 개화해야 할 필요성을 널리 알렸지요. 실제로 《서유견문》에 나타난 서양의 풍경들, 각종 새로운 문물과 제도는 조선 사회에 큰 충격을 주었습니다.

그런데 유길준은 이 책을 국한문 혼용체로 썼습니다. 즉 한글과 한문을 섞어서 쓴 것입니다. 고종이 언문을 나랏글이라고 부른 것이 1894년의 일인데, 그 이듬해에 나온 이 책에서 한글을 열심히 활용했지요. 친구들은 이런 훌륭한 책을 고상한 한문으로 쓰지 않았다며 타박했지만 유길준은 아랑곳하지 않았습니다. 《서유견문》의 머리말에서 그 이유를 밝히면서, 오히려 온전히 한글로만 쓰지 못한 것을 안타까워했지요.

"외국 사람들과 국교를 이미 맺었으니, 온 나라 사람들이 상하 귀천이나 부인과 어린이를 가릴 것 없이 저들의 형편을 알아야 할 것이다. 그러니 서투르고도 껄끄러운 한자로 얼크러진 글을 지어서 실정을 전하는 데

어긋남이 있기보다는, 유창한 우리글과 친근한 말을 통하여 사실 그대로의 상황을 힘써 나타내는 것이 올바르다고 생각한다."[8]

유길준은 한자를 써서 소수 지식인들끼리만 소통할 것이 아니라, 한글을 통해 더 많은 사람과 소통하겠다는 의지를 나타내고 있습니다. 이런 이들의 노력을 통해 한글은 우리 글자로서 점점 더 높은 대접을 받기 시작했습니다.

사례탐구 외국인이 쓴 한글 교과서가 있다?

한글의 역사에는 《서유견문》보다도 더 먼저 순 한글로 나온 책이 있습니다. 바로 미국인 선교사 호머 헐버트가 1889년에 써서 펴낸 세계 지리 책 《사민필지》입니다. '사민필지'라는 책 제목은 '양반이든 상민이든 가릴 것 없이 모두가 알아야 하는 지식'을 뜻합니다. 그런 제목처럼 이 책은 지구, 유럽주, 아시아주, 아메리카주, 아프리카주의 5개 장으로 나뉘어 있고 각 장마다 기후, 산물, 인구, 산업 등이 빼곡히 기록되어 있습니다.

《사민필지》는 일종의 교과서이기도 합니다. 헐버트가 조선의 초청으로 와서 육영공원의 교사로 일할 때 쓰고 활용한 책이기 때문입니다. 우리나라 최초의 지리 교과서가 외국인의 손으로 간행된 것이지요. 조선 사람들조차 아직 모두 한글을 익히지 못한 시절에 한글을 열심히 익혀 마침내 책까지 펴낸 헐버트의 열정이 정말 남다릅니다.

최초로 띄어쓰기를 한 신문

유길준과 비슷한 생각에서, 아예 순 한글로 펴낸 획기적인 신문도 나왔습니다. 바로 1896년에 **창간**된 《독립신문》입니다. 독립운동가 서재필이 앞장서서 만든 이 신문은 우리나라 최초의 민간 신문이자 일간지로서 그 역사적 의

미가 큽니다. 이 신문은 거기에 더해 창간호부터 순 한글을 고집함으로써 한글의 역사에도 중요한 발자취를 남겼지요.

《독립신문》은 창간호 논설에서 "서울 백성만이 아니라 조선 전국 인민을 위하여 무슨 일이든지 대신하여 말하여 주려고 함."이라고 신문을 창간한 이유를 밝혔습니다. 그리고 "남녀 상하 귀천이 모두 보게"

하기 위하여 순 한글로만 쓴다고 설명했습니다. 《독립신문》은 그 이름처럼 한자에서 한글로, 조금씩 언어의 독립을 이루어 갔습니다.

《독립신문》은 띄어쓰기도 과감하게 했습니다. 지금은 한글을 띄어 쓰는 것이 자연스럽지만 이때까지만 해도 한글 맞춤법이 제대로 정리되기 전이어서, 띄어쓰기를 하는 경우가 별로 없었습니다. 띄어쓰기가 없는 한문처럼 한글도 대체로 붙여 썼는데 보기가 여간 힘든 것이 아니었지요. 뜻을 파악하기 위해 같은 문장을 두세 번 읽어야 할 때도 있었습니다.

"귀절을 떼여 쓰기는 알아보기 쉽도록 함이라."

《독립신문》은 창간호 논설에서 이렇게 밝히면서 한글에 띄어쓰기를 정식으로 도입했습니다. 이는 한글의 역사가 한걸음 더 앞으로 나아가는 계기였지요.

개화 사상가들과 지식인들을 중심으로 우리 민족의 글자로서 한글의 가치가 새롭게 조명된 지 채 얼마 되지도 않아 한글은 크나큰 위기를 맞았습니다. 일제와 을사늑약이 맺어지고 그 뒤 우리나라가 국권을 잃게 된 것입니다. 이제 우리글은 물론 우리말조차 위태로워졌습니다. 어두운 시절, 주시경과 최현배 등 많은 한글학자는 한글을 지키고 또 발전시키기 위해 고군분투했습니다. 그런 선각자들 덕분에 일제 강점기는 한글이 무척이나 탄압받은 암흑기이자 동시에 맞춤법이 정비되고 사전 편찬 작업이 시작되는 등 한글이 현대화하고 진일보하는 시기이기도 했습니다.

알아 두기

최초의 한글 전용 신문 《한겨레》

독립신문이 순 한글 신문으로 출발했지만 우리나라 신문들은 그 후로도 오랫동안 사실상 '국한문 혼용체'를 써 왔습니다. 한글과 한자를 모두 써서 신문을 만들었지요. 1970~1980년대에 나온 신문들은 지금도 도서관이나 온라인 아카이브에서 볼 수 있는데, 찾아보면 한글보다 한문이 더욱 많이 쓰인 것을 발견할 수 있습니다. 특히 중요한 단어일수록 한자를 고집했지요.

그런 관행을 깨트린 신문이 1988년에 창간된 《한겨레》 신문입니다. 《한겨레》 신문

은 민주적인 언론을 꿈꾼 국민들이 십시일반 돈을 모아 '국민 주주'가 되어 창간한 독특한 역사가 있지요.

그런 만큼 《한겨레》는 창간호부터 한글 전용, 즉 한자를 섞지 않고 한글만 쓸 것, 그리고 세로쓰기가 아니라 가로쓰기를 할 것을 내세웠습니다. 매우 선구적인 일이었지요. 이후 많은 언론이 한글 전용으로 바뀌었고, 지금은 거의 모든 신문에서 한글 전용을 하고 있습니다. 1990년대에 들어와서야 사실상 순 한글 신문이 정착되었다는 점을 생각하면, 100여 년도 더 전에 순 한글로 만들기로 한 《독립신문》의 결단이 얼마나 파격이었는지 실감할 수 있지요.

일본어로 된 교과서

일제는 초기에만 해도 식민지 지배를 효율적으로 하기 위해서 조선에 사는 일본인에게 조선어를 배울 것을 권장하기도 했습니다. 하지만 시간이 지날수록 일본인이든 조선인이든 가리지 않고 조선어를 쓰지 못하게 했지요. 특히 말과 글을 배워야 하는 아이들에게 일본어만을 가르치려고 했습니다. 조선의 학교에서 쓰는 교과서를 아예 일본어로 만들게 했지요. 1906년 6월 6일자

《대한매일신보》에서는 일찌감치 일본의 의도를 이렇게 정확히 간파했습니다.

"한국 유년에게 일문 교과서를 익히게 하는 것은 어린아이의 뇌수를 뚫고 저 소위 일본 혼이라 하는 것을 주사하고자 함이라."[9]

일제는 처음에는 일어와 이과 과목만 일본어로 만들다가 차츰 조선어 과목을 제외한 모든 과목 교과서를 일본어로 만들었습니다. 조선어 과목은 형식적으로 있기는 했지만 학교에서는 조선어를 열심히 가르치지 않았습니다. 학생들도 점차 공부할 의욕을 내기가 어려웠습니다. 상급 학교 입학시험 과목에서 조선어가 빠져 버렸기 때문입니다. 학교에서 내내 일본어만 써야 하는 데다 시험도 치르지 않는 탓에 조선어는 점점 뒤로 밀려났습니다.

한글 맞춤법을 통일하다

일제의 횡포가 거세질수록 우리글을 지키려는 사람들의 의지는 점점 강해졌습니다. 이제 우리글을 지키는 것은 곧 우리나라를 지키는 것과 같은 일이 되었습니다. 학자들은 조선어 강습소를 만드는가 하면, 아예 책과 도시락을 보통이에 싸 가지고 전국 방방곡곡을 다니며 글을 모르는 사람들에게 한글을 가르쳤습니다. 어찌나 부지런히 한글 강습을 다녔던지, 국어학자 주시경은 '주 보통이'라는 별명을 얻을 정도였습니다.

"말은 나라를 이루는 것인데 말이 오르면 나라도 오르고 말이 내리면 나라도 내리나니라."

주시경은 이렇게 말과 글이 '민족의 얼'이라고 생각했습니다.

학자들은 조선 사람들에게 한글을 널리 알리는 한편, 한글 맞춤법을 통일하는 데에도 힘썼습니다. 그때까지만 해도 한글은 정확한 표기법이 없었습니다. 통일된 맞춤법이 없으면 글을 쓸 때 혼란이 생깁니다. 쓰는 법이 사람에 따라 제각각이 되기 때문입니다.

예컨대 당시에 '맡아도'는 '마타도, 맛하도, 맛타도'의 세 가지 표기가 다 쓰이고 있었습니다. 또 '덮으면'은 '더프면, 덥흐면, 덥프면'의 세 가지가 다 쓰이고 있었지요. 하지만 '마타도'처럼 정말 소리 나는 그대로 쓸지, 아니면 '맡아도'처럼 '맡다'라는 글자의 원형을 알 수 있도록 쓸지에 대해 명확한 원칙이 없었습니다.

한글을 발전시키고 교육하려면 하루빨리 맞춤법을 정리해야 했습니다. 조선 시대처럼 소수의 사람만 글을 쓰던 시절이라면 모를까, 수많은 사람에게 한글을 널리 가르치고 활용할 수 있게 하려면 통일된 기준이 필요했습니다. 이를 위해 주시경의 제자들이 중심이 되어 만든 조선어학회는 1933년, '한글맞춤법통일안'을 만들었습니다.

이 통일안에서는 소리 나는 대로 쓰는 표음주의 표기법 대신, 단어의 원형을 밝히어 쓰는 형태주의 표기법을 어느 정도 인정했습니다. 이렇게 하면 배우기는 조금 어려워져도 훨씬 더 정확하게 소통할 수 있게 되기 때문입니다. 훗날 학자들은 이때의 결정이 한글의 역사에 매우 중요한 순간이었다고 말합니다. 만약 당장 쓰기 쉽게 하기 위해 표음주의 표기법을 선택했다면, 한글이 오늘날만큼 발전하기 어려웠을지도 모르기 때문입니다.

조선어학회가 만든 통일안은 해방 이후 1948년에 대한민국 정부를 수립

하면서 공식적으로 채택되어 오늘날까지 이어져 오고 있습니다.

말모이와 《조선말 큰 사전》

한글을 현대화하고 통일하려면 맞춤법만으로는 충분하지 않습니다. 또 하나 필요한 것이 있습니다. 바로 사전입니다. 사전은 말을 차곡차곡 담은 창고입니다. 한글이 어엿한 우리 민족의 글로서 살아남고 발전하려면 이 창고를 채워야 했습니다. 즉 우리말이 가진 풍부한 단어들을 전국에서 채집해 한데 모으고 분류하여 그 정확한 표기법과 활용법을 정리하는 작업이 꼭 필요했습니다. 비록 일제 강점기라는 열악한 상황이었지만, 그렇기 때문에 더더욱 많은 사람이 사전 편찬 작업에 온 힘을 쏟았습니다.

사전 편찬 작업은 '**광문회**'라는 기관에서 1911년에 주시경을 중심으로 가장 먼저 시작되었습니다. 당시 광문회에서는 '말모이'라는 이름의 우리말 사전을 만들고자 했습니다. 하지만 이 사전은 세상에 나오지는 못했습니다. 주시경이 갑작스레 사망하는 등 여러 사정이 겹치면서 끝내 출판에 이르지 못했지요. 조선어학회에서는 그 원고를 이어 받아 사전 편찬 작업을 이어 갔습니다.

그런데 일제는 1942년에 이른바 '조선어학회 사건'이라는 것을 일으켜 이 작업을 기어이 방해했습니다. 조선어학회의 움직임이 심상치 않자, 억지 사건을 꾸며서는 원고를 모두 압수하고 학회와 관련 있는 33명을 옥에 가두거나 법정에 세운 것입니다. 그 와중에 이윤재와 한징 두 학자는 끝내 옥중에서 목숨을 잃었습니다. 이 사건으로 조선어학회는 해산되고 말았지요.

서울역에서 발견한 원고

그러면 조선어학회가 만들려던 사전 역시 말모이처럼 끝내 출간되지 못했을까요? 그렇지 않습니다. 해방 후인 1945년 9월 8일, 극적인 일이 일어났습니다. 3년 전에 일제에게 압수당했던 조선어학회의 사전 원고 뭉치가 발견된 것입니다. 지금의 서울역(당시 경성역)에 있었던 조선통운 창고에 원고지 2만 6,500여 장의 원고가 고스란히 남아 있었습니다. 일본이 패망하자마자 이 원고부터 찾아 헤맸던 조선어학회 사람들에게는 단비 같은 소식이었지요.

조선어학회는 어렵사리 되찾은 이 원고에 좀 더 연구를 보태어 1947년 10월 9일 《조선말 큰 사전》 첫 번째 권을 을유문화사에서 출판했습니다. 해방 직후 인쇄할 종이조차 넉넉지 않은 상황에서 어렵사리 이루어 낸 성과였지요. 이후에도 오랫동안 애쓴 끝에 모두 6권을 완간했습니다. 마지막 권이 나

❚ 1947년에 을유문화사에서 출간한 《조선말 큰 사전》 제1권

온 것이 1957년이니, 1929년에 사전 편찬회가 만들어진 후 약 28년 만에 완성한 셈입니다. 그 28년은 그냥 보통의 나날이 아니었습니다. 일제 강점기를 거쳐 광복 그리고 6·25 전쟁까지 겪어 낸 고난과 격동의 시간이었지요. 최초의 한국어 대사전은 그렇게 만들어졌습니다. 이는 우리 한글의 역사에 가히 기념비적인 업적이라고 할 수 있습니다. 일제 치하와 전쟁의 비극 속에서도 꿋꿋이 연구를 이어 간 여러 학자 덕분에 한글은 현대화의 기초를 단단히 다질 수 있었습니다.

조선어학회에서 활동한 국어학자 최현배는 어느 식당의 방명록에 이런 글귀를 남긴 적이 있습니다. 이 짧은 글귀는 한글을 지키고자 했던 이들의 간절한 마음을 잘 보여 줍니다.

"한글이 목숨."

알아 두기

1999년에 만든 《표준국어대사전》

지금 우리는 《조선말 큰 사전》을 직접 쓰고 있지는 않습니다. 그럼 지금 가장 대표적인 사전은 무엇일까요? 1999년 한글날 즈음, 국립국어연구원(지금의 국립국어원)에서는 8년 동안 공들여 만든 3권짜리 《표준국어대사전》을 펴냈습니다. 약 50만 개의 어휘와 1만 개의 삽화가 실리고, 북한 말도 체계적으로 수록된 사전입니다. 《표준국어대사전》은 온라인에 전자 사전으로도 만들어져 있어서 편리하게 검색하여 쓸 수 있습니다.

- 개화기 이후 한글은 민족의 언어로서 새롭게 부상했으며, 특히 개화 사상가 유길준은 《서유견문》을 국한문 혼용체로 씀으로써 한글의 가치를 알렸다.
- 《독립신문》은 우리나라 최초로 순 한글로 쓴 신문이자 처음으로 띄어쓰기를 한 신문이다.
- 조선어학회는 일제 강점기에 한글맞춤법통일안을 만들고 《조선말 큰 사전》 편찬 작업을 진행하는 등 한글을 발전시키고 현대화하는 데에 큰 역할을 했다.

5장 디지털 시대, 한글의 무한 변신

한글 타자기를 만든 안과 의사

병원에 가서 시력 검사를 받아 본 경험이 한 번씩 있을 겁니다. 그때 벽에 걸려 있는 시력 검사표는 누가 만들었을까 하고 궁금해 한 적이 있나요? 우리나라에 맨 처음 한글로 된 시력 검사표를 만든 사람은 공병우라고 전해집니다. 공병우는 일제 강점기인 1938년부터 서울 안국동에서 '공안과'라는 개인 병원을 운영해 온 안과 의사입니다.

그때만 해도 시력 검사표는 모두 일본어로 되어 있었습니다. 그러다 보니 일본어를 모르는 사람들은 병원에 와서 위축되곤 했지요. 글자가 잘 보이는데도 무슨 글자인지 말할 수 없어 곤란해지는 것입니다. 그런 모습을 안타까워한 공병우는 시력 검사표를 한글로 다시 만들었습니다. 그 덕분에 많은 사람이 공안과에서만큼은 당당하게 시력 검사를 받을 수 있게 되었습니다.

안과 의사 공병우의 한글 사랑은 거기서 끝이 아니었습니다. 공병우는 병원을 찾아온 한글학자 이극로를 만나면서 한글의 가치를 새삼 발견하게 되었고, 이후 일생에 걸쳐 한글을 발전시키는 일에 헌신했습니다. 공병우의 가장 대표적인 업적은 '한글 타자기'를 크게 발전시킨 것입니다. 이 타자기는 오늘날 우리가 쓰고 있는 컴퓨터 자판과도 관계가 깊지요. 한글을 기계화히는 데에 큰 기여를 했다고 해서 공병우는 '한글 기계화의 아버지'라고도 불립니다. 안과 의사와 한글이라니, 참 의외의 조합이지요.

타자기, 한글 기계화의 시작

공병우가 실용적인 한글 타자기를 개발하게 된 것은 해방이 되고 나서 얼마 지나지 않은 무렵이었습니다. 당시 공병우는 일본어로 되어 있던 안과 관련 의학 책 한 권을 여러 사람과 함께 우리말로 번역하기로 마음먹었습니다. 번역을 할 때는 손으로 일일이 깨끗이 적어야 합니다. 그런데 그 과정이 참 번거로웠지요.

타자기의 힘을 빌려야겠다고 생각한 공병우는 당시에 출시되어 있던 영문 타자기를 사다 일일이 분해하며 연구하기 시작했습니다. 직접 한글 타자기를 만들어 보려는 것이었습니다. 시중에 한글 타자기가 두엇 나와 있기는 했지만, 자판도 많은 데다 타자를 친 뒤 종이를 세로로 돌려 읽어야 하는 등 여러모로 불편했습니다.

새 타자기를 만드는 과정은 쉽지 않았습니다. 영어는 글자를 죽 나열해 놓기만 하면 되지만, 한글은 글자마다 자음과 모음을 모아 주어야 했기 때문입니다. 아직 세로쓰기가 일반적이던 습관도 가로쓰기로 바꾸어야 했습니다. 한글에 대한 공부까지 새롭게 하는 노력 끝에 마침내 1949년, 공병우는 세벌식 타자기를 개발해 냈습니다.

공병우가 만든 타자기는 그 효율성이 널리 알려졌고, 빠르고 정확하게 쓸 수 있다는 점 덕분에 특히 군대에서 유용하게 쓰였습니다. 6·25 전쟁이 끝났음을 알리는 휴전 협정서도 공병우의 타자기로 쓰였지요.

공병우가 개발한 세벌식 타자기

알아 두기

공병우의 타자기는 '빨랫줄체'?

> 1. 한글 타자기와 국가 발전
>
> ...문 타자기보다도 더욱 빨리 찍을 수 있는 우리 한글 타자기!
> ...리 한글은 문자로서 세계에 제일이다. 기계화에 있어서도 또한...
> ...것이 우리 나라의 자랑이 아니고 무엇이냐?
> ...으로 꾸물거리던 모든 사무 처리가 빨리 기계로 처리 되어야만
> ...라는 발전한다. 읽기 쉽고, 보기 쉬운 자형으로, 똑똑히 빨리...
> ...리 한글 타자기! 찍는데 만흔 시간절제, 읽는데도 많은 시간...
> ...려해 기계의 힘으로 한 시간에 할 일을 십분에 하고, 하루에...
> ...한 시간에 하게 되어야만 우리는 살게 된다.

공병우 타자기로 쓴 글자는 모양이 독특했습니다. 바로 받침 때문이었지요. 공병우 타자기에서는 받침이 있는 글자와 없는 글자의 모양이 달랐습니다. 정확히 말하면 길이가 달랐지요. 공병우의 타자기에서는 받침이 글자의 아래쪽 가장자리에 찍혀 나왔고, 받침이 없는 글자는 그만큼 글자가 짧아졌습니다. 그러다 보니 글자들이 마치 빨랫줄에 널린 길고 짧은 빨래들처럼 보인다고 해서 '빨랫줄체'라는 별명이 붙었지요. 당시에는 모든 글자의 크기가 똑같은 글꼴이 일반적이었고 더 아름답다고 여겨졌지만, 공병우는 글자의 모양보다 타이핑의 효율성을 더 먼저 생각했기 때문에 이런 타자기를 발명한 것입니다.

세벌식이냐 두벌식이냐

타자기에서 시작한 한글 자판 연구는 그 이후 오랫동안 계속되었습니다. 타자기 시대를 지나 컴퓨터 시대가 되어서도, 효율적이면서 아름답게 글자를

▌ (위) 두벌식 자판 (아래) 세벌식 자판

입력하는 방법이 꾸준히 연구되었지요. 공병우 역시 자신이 개발한 타자기를 계속 발전시켜 나갔습니다. 특히 공병우는 세벌식 자판 연구에 몰두했습니다.

자판은 자음과 모음이 각각 몇 벌 있느냐에 따라 구별됩니다. 자음 한 벌, 모음 한 벌만 있으면 두벌식, 첫소리와 가운뎃소리, 끝소리를 각각 한 벌씩 만들면 세벌식 자판이라고 부릅니다. 공병우가 개발한 것은 세벌식 자판이었습니다.

세벌식 자판은 두벌식 자판에 비해 여러 장점이 있습니다. 우선 두벌식에 비해 손이 덜 피로하고 타자 속도는 더 빠릅니다. 세벌식 자판은 두벌식에 비해 더 인체 공학적이라고 평가받기도 하지요. 또 세벌식은 모아 치기가 가능합니다. 즉 '한'이라는 글자를 칠 때 ㅎ → ㅏ → ㄴ의 순서로 치지 않고 동시에 쳐도 알아서 모아집니다. 한 글자의 초성, 중성, 종성이 자판에 구분되어 있기 때문입니다. 세벌식 자판을 사용할 때는 '도깨비불' 현상도 없었습니다. 도깨비불 현상이란 글자가 완성되는 과정에서 깜빡거리는 현상을 말합니다. 예컨대 '우리'라는 글자를 칠 때 ㅇ, ㅜ, ㄹ까지 입력하고 나면 '울'이라는 글자가 먼저 나타났다가 ㅣ를 치고 나야 비로소 '우리'라는 글자로 바뀌지요. ㄹ이 앞 글자의 받침인지 뒤에 오는 글자의 첫소리인지 알 수 없어 우선 앞 글자에 먼저 붙기 때문입니다. 그 사이에 글자가 반짝거린다고 해서 이를 흔히 도깨비불 현상이라고 부릅니다.

이렇게 세벌식은 여러모로 장점이 많았습니다. 그럼 지금 우리가 쓰고 있는 자판은 세벌식일까요? 두벌식입니다. 1980년대에 컴퓨터 자판의 국가 표준을 정할 때 두벌식이 채택되었기 때문입니다. 두벌식은 세벌식에 비해 자판의 수가 적어서 익히기가 쉽다는 장점이 있지요.

기계들은 한번 표준이 정해지고 나면, 그것이 널리 쓰이기 때문에 다시 바꾸거나 되돌리기가 어렵습니다. 컴퓨터와 노트북이 두벌식 자판으로 만들어져 나오고 많은 사람이 두벌식 자판에 익숙해져 있으면, 구태여 세벌식을 배우려는 사람도, 잘 팔리지 않는 세벌식을 만들려는 사람도 점차 사라지겠지요. 그래서 기술은 처음에 표준을 정하는 것이 매우 중요합니다. 두벌식이 표준이 되면서 세벌식 자판은 그 장점을 기억하는 소수의 사람만 일부러 찾는 물건이 되었습니다.

비록 공병우의 세벌식 타자기는 그 자판 배열 방식이 표준이 되지는 못했지만, 이후 한글의 기계화는 물론 한글의 디지털화에도 큰 영향을 미쳤습니다.

컴퓨터와 혼글

타자기 자판에서 시작한 한글 기계화는 어느덧 워드 프로세서, 즉 문서 편집 프로그램을 만드는 단계에 이르렀습니다. 컴퓨터가 조금씩 일반화되기 시작한 1980년대 후반에서 1990년대의 일이지요. 우리나라의 대표적인 문서 편집 프로그램으로는 무엇이 있을까요? 많은 사람이 '혼글'을 꼽습니다. 이제는 쓰지 않는 한글 옛 글자인 아래아를 활용한 이름 때문에 흔히 '아래아 한글'이라고 부르지요.

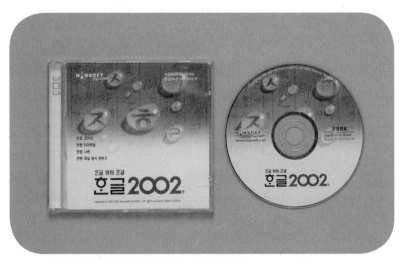

▌ '한글과컴퓨터'사가 개발한 한글 워드 프로세서 프로그램

혼글은 1989년에 처음 세상에 나왔습니다. 서울대학교 컴퓨터 동아리 출신들이 모여 개발했지요. 대학을 갓 졸업한 20대 청년들이 만든 이 프로그램을 시작으로 본격적인 한글의 디지털 시대가 열린 것입니다. 어느 국어학자

는 흔글의 개발을 두고 '제2의 한글 창제'에 버금가는 일이라며 극찬하기도 합니다. 한글의 과학화, 디지털화를 토종 프로그램으로 해냈다는 것에 큰 의미를 주는 것이지요.

우리 글자의 특성에 맞는 프로그램을 우리 손으로 직접 개발했다는 사실에 당시 많은 사람이 자부심을 느꼈습니다. 이는 1998년에 벌어진 '흔글 살리기 운동'에서도 엿볼 수 있습니다. 국제 금융 위기로 나라 전체가 휘청거렸던 1990년대 후반, 흔글을 만든 회사인 '한글과컴퓨터'도 큰 위기에 처하게 되었습니다. 경영이 위태로워지자, 한글과컴퓨터는 흔글 개발을 중단하고 관련 정보를 글로벌 기업이자 경쟁 상대였던 마이크로소프트에 넘기려고 했습니다. 당시 흔글은 국내 시장 점유율이 약 80%에 달했습니다. 또 한글 글자 1만 1,172자는 물론 옛 글자까지 모두 입력할 수 있는 유일한 프로그램이었지요. 이러한 흔글의 활약 덕분에 우리나라는 마이크로소프트가 장악하지 못한 몇 안 되는 나라 중 하나였습니다.

이런 훌륭한 토종 프로그램이 외국 기업에, 그것도 경쟁 상대에게 넘어갈지도 모른다는 소식이 알려지자 흔글 프로그램을 지켜야 한다는 운동이 전국에서 벌어졌습니다. '흔글지키기운동본부'까지 만들어질 정도였지요. 이에 힘입어 한글과컴퓨터는 마이크로소프트와 맺은 계약을 엎고 흔글을 지켜 낼 수 있었습니다. 그 이후로 지금까지 흔글은 한글을 쓰는 대표적인 컴퓨터 프로그램으로 자리 잡고 있습니다. 정부 등 공공 기관과 출판 산업에서는 여전히 흔글 프로그램을 많이 쓰고 있지요.

한글과 디지털은 찰떡궁합

한글은 디지털과 무척 잘 어울리는 글자입니다. 컴퓨터가 널리 쓰이게 되면서 많은 사람이 이 사실을 새삼 실감하고 있습니다. 우선 한글은 음소 문자여서 디지털화하기가 비교적 수월합니다. 자모를 자판에서 치기만 하면 번거로운 과정을 거치지 않아도 바로바로 입력이 되지요. 앞서 한자를 입력할 때에는 발음 기호를 순서대로 입력하며 해당 글자를 찾아야 한다고 했는데, 이러한 한자 입력 시스템과 비교해 보면 한글이 얼마나 입력하기 수월한지 단박에 이해할 수 있습니다.

영어와 비교할 때도 한글이 더 수월한 점이 있습니다. 한글은 자음과 모음이 뚜렷이 나뉘어 있고 그것을 번갈아 쓰면 되는 구조입니다. 즉 왼손으로는 자음을 입력하고 오른손으로는 모음을 입력하는데 그것을 번갈아 하면 되기 때문에 더 신속하게 입력할 수 있지요. 손의 피로도 덜합니다. STRIKE처럼 자음이 세 번 연속해서 나오는 영어 단어를 입력해 보면 그 차이를 느낄 수 있습니다.

글자를 입력할 때뿐만 아니라 음성 정보를 처리할 때에도 한글은 용이한 점이 있습니다. 한글은 한 글자가 한 가지로만 소리 납니다. 'ㅏ'라는 글자는 어떤 경우에도 '아'라고 발음되지요. 영어는 그렇지 않습니다. 영어의 a는 '아, 어, 애' 등으로 다양하게 발음됩니다. apple에서는 '애'와 같이 소리 나지만, banana에서는 '어'와 같이 소리 나기도 하지요.

이런 점을 생각하면, 우리나라가 오늘날 세계적인 디지털 강국이 된 데에는 한글의 보이지 않는 공이 무척 크다고 할 수 있습니다. 실제로 구글의 에릭 슈미츠 전 회장은 지난 2013년에 우리나라를 방문했을 때 한 인터뷰에서

"한글은 대한민국이 디지털 기술에 있어 앞서 나갈 수 있는 주요한 요인이다."라고 말하기도 했지요.

한글은 네모꼴

디지털 시대에 들어서면서, 한글에 일어난 또 다른 큰 변화가 있습니다. 바로 한글의 '옷'이라고 할 수 있는 '글꼴'이 무척 다양해졌다는 것입니다. 특히 1990년대를 전후로 한글 디자인이 발전하면서 다양한 한글 폰트가 개발되기 시작했어요. 글꼴에 있어서는 르네상스라고 부를 수 있을 만큼 폭발적으로 성장했지요.

사실 한글 글꼴의 역사는 꽤 오래되었습니다. 글자가 생기면서 글꼴도 생겼다고 할 수 있으니, 훈민정음이 창제될 때부터 글꼴이 연구되었다고 해도 틀리지 않지요. 그런데 한글 글꼴에는 한 가지 특징이 있습니다. 대체로 네모꼴이라는 것입니다.

한글 글꼴은 창제 당시부터 지금까지 네모꼴 중심입니다. 아무 책이나 펼친 뒤, 본문에 있는 각 글자들의 모양을 살펴보면서 머릿속으로 글자 주위에 가상의 네모를 그려 보세요. 그러면 각 글자가 똑같은 크기의 네모 안에 쏙쏙 들어간다는 것을 알 수 있습니다. 네모꼴 글꼴이란 바로 이렇게 한 글자의 윤곽을 일정한 네모꼴 공간 안에 한정해서 쓰는 것을 말합니다. 우리가 보는 거의 모든 책의 본문에서 이 네모꼴 글꼴을 쓰고 있지요.

이는 영어와 비교하면 더 선명해집니다. 영어 알파벳의 경우 f는 위로 삐죽 솟은 반면, j는 아래로 길게 뻗쳐 있는 등 각 글자가 일정한 틀 안에 들어와 있지 않아요. 영어 알파벳은 한 가지 네모꼴 안에 딱 맞게 넣을 수가 없습니다. 하지만 한글은 아래위가 모두 일정합니다. 갑작스럽게 튀어나오거나 처지는 글자는 없어요.

사례탐구 바탕체냐 명조체냐

흔히 글꼴을 이야기할 때 명조체, 고딕체와 같은 표현을 많이 씁니다. 그런데 한 번 더 생각해 보면 두 단어 모두 한글 글꼴을 가리키는 이름으로는 어딘가 어색합니다. 명조체는 중국 명조 시대에 쓰인 서체를 가리키는 말로, 지금의 한글과는 다소 거리가 있습니다. 고딕체는 더 이상하지요. 서양 로마자의 글자체를 부르는 이름을 그대로 한글에 쓰고 있으니까요.

어떻게 해서 이런 명칭이 굳어졌는지는 정확하지 않습니다. 다만 학자들은 이 두 이름이 모두 일본을 통해서 전해졌으리라고 추측합니다. 일본에서도 이 두 단어를 쓰고 있는 데다 그간 인쇄술이나 활자 지식 중에 일본을 통해 들어온 것이 많기 때문입니다.

하지만 우리의 대표적인 글꼴을 부르는 이름으로는 다소 부적절한 데다 주체적이지도 못하다는 지적이 계속되면서 1991년에 이 둘의 이름을 바꾸게 되었습니다. 새로 지은 이름이 바로 **바탕체**, **돋움체**입니다. 명조체는 바탕이 되는 글자라는 뜻에서 **바탕체**, 고딕체는 돋보인다는 뜻에서 **돋움체**라고 새로 지었지요.

한글은 왜 이렇게 네모난 글꼴을 하게 되었을까요? 관습적인 영향이 크기 때문에 정확한 이유를 알기는 어렵습니다. 하지만 많은 사람이 한문의 영향, 그리고 세로쓰기의 영향 때문이라고 추측합니다. 한자는 네모꼴로 글 낼 때

가장 안정적이고 잘 읽힙니다. 또 그렇게 쓰일 때 글자가 아름답다고 느끼는 사람이 많습니다. 그리고 예전에는 한자를 세로로 쓰는 일이 많았는데, 한글을 네모꼴로 쓰면 세로쓰기와도 잘 어울리지요. 한글은 한자와 어울려 쓸 일이 많았고, 또 한자가 먼저 쓰이고 있을 때 창제되었기 때문에 자연스럽게 한자처럼 네모꼴을 하게 된 것이겠지요.

지금 가장 널리 쓰이고 있는 대표적인 네모꼴 한글 글꼴로는 크게 두 가지가 있습니다. 바로 흔히 명조체, 고딕체라고 부르는 바탕체와 돋움체지요. 특히 책이나 신문의 본문에는 거의 대부분 이 두 가지 글꼴이 쓰이고 있습니다.

인물탐구 글씨장이 최정호

지금 우리가 보는 바탕체의 근간을 만든 사람 중 한 사람을 꼽자면, 한글 글꼴 디자이너 1세대라 할 수 있는 글씨장이 최정호를 꼽을 수 있습니다. 최정호는 일제 강점기 때부터 한글 글꼴에 큰 관심을 두어 왔지요.

전해지는 이야기에 따르면, 최정호는 어릴 때부터 글씨를 잘 썼다고 해요. 오늘날의 초등학교인 보통학교를 다닐 때, 글씨를 잘 써서 선생님에게 뺨을 맞은 적도 있다고 합니다. 어린아이의 글씨 치고는 너무 잘 쓴 탓에, 숙제를 남이 해 주었다고 오해를 산 것이지요. 최정호는 선생님과 반 친구들이 모두 보는 앞에서 다시 글씨를 써 보였고, 그제야 오해를 풀 수 있었다고 하지요.

어릴 때부터 글씨에 재능과 관심을 보이기는 했지만, 이후 최정호가 글꼴을 개발하는 과정은 결코 쉽지 않았습니다. 요즘에는 컴퓨터로 글꼴을 디자인하지만 최정호가 글꼴에 뜻을 두었던 1950년대에는 그런 것이 없었습

니다. 당시에 글꼴을 개발하려면 자와 컴퍼스, 잉크 같은 도구를 써서 '원도'를 일일이 그려야 했습니다.

▌ 각고딕체를 적용한 원도 예시

원도는 글꼴의 기본이 되는 원그림을 말합니다. 이 원도가 완성되면 자모 조각기로 활자를 깎지요. 그렇게 만든 활자를 원도 활자라고 합니다. 최정호는 1957년에 동아출판사에서 나온 백과사전과 세계 문학 전집에 쓰인 '동아출판사체'부터 1988년에 마지막으로 만든 '최정호체'에 이르기까지 수많은 원도 활자를 창조했습니다. 일생을 원도 활자 제작에 바쳤다고 해도 틀린 말이 아니지요. 그 덕분에 한글 글꼴은 크게 발전하면서 더욱 유려해질 수 있었습니다. 지금 우리가 쓰는 다양한 바탕체 중에는 최정호가 그린 원도를 바탕으로 만들어진 글자가 적지 않습니다.

"글자란 사상이나 뜻을 전달하는 도구입니다. 그러므로 읽는 사람이 피로감을 느끼지 않게 글자가 디자인되어야 합니다. 글자를 하나하나 쓴다는 것은 예술이 아닙니다. 그래서 나는 '글씨를 쓴다'고 말하지 않고, '자형 설계'를 한다고 말하기를 좋아합니다."
— 한글 디자이너 최정호

네모꼴을 깨트려라

한글은 오랫동안 네모꼴 글자가 대세였지만, 한쪽에서는 탈네모꼴 활자에 대한 연구가 끊이지 않았습니다. 네모꼴 글꼴은 가장 익숙하고 단정하지만, 어떤 디자이너들에게는 한글 글꼴의 가능성을 제한하는 요소로 보이기도 했습니다. 보기에 따라 한글이 네모꼴 안에 '갇혀 있는' 것처럼 보였지요.

네모꼴을 벗어나면 더욱 다채로운 한글의 옷을 개발할 수 있다고 생각한 디자이너들은 고정관념을 깨고 여러 탈네모꼴 글꼴을 개발했습니다. 그리고 잡지 《샘이 깊은 물》과 《과학동아》는 1984년에 각각 우리나라 최초로 탈네모꼴 활자를 제호에 쓰기 시작했습니다. 지금도 간행되고 있는 과학동아에 쓰인 글꼴은 대표적인 탈네모꼴 서체인 **안상수체**입니다. 이름처럼 안상수라는 디자이너가 개발했지요. 이후 1990년대부터는 탈네모꼴 글꼴이 더욱 활발하게 세상에 나타났습니다.

사실 한글 글꼴을 디자인하는 것은 영어보다 훨씬 어렵습니다. 한글은 모아쓰기 때문입니다. 영어 글꼴을 디자인할 때는 알파벳 26자, 대문자와 소문자를 합쳐도 모두 52개의 글자만 디자인하면 됩니다. 하지만 한글은 다릅니다. 자음과 모음을 각각 디자인한 뒤에도, 이 자모들이 합쳐졌을 때 어떤 모양이 되는지까지 구상해야 하지요. 같은 ㄱ이라도 '가'라는 글자에 쓰일 때와, '감'이라는 글자에 쓰일 때, 또 '각'처럼 받침으로 쓰일 때 크기와 모양이 조금씩 달라질 수 있기 때문입니다. 이런 여러 경우의 수를 모두 생각해야 하니, 글꼴 개발이 더욱 힘들지요. 그런 어려움에도 많은 디자이너가 지금도 아름다운 글꼴을 개발하기 위해 애쓰고 있습니다.

글꼴은 마치 공기나 물 같아서, 늘 우리 곁에 있지만 그 존재를 잘 알아차

리지는 못합니다. 글을 읽을 때 사람들은 그 글에 담긴 내용을 이해하는 데에 집중할 뿐, 글꼴이 어떻게 생겼는지, 혹은 얼마나 아름다운지를 눈여겨보지는 않지요. 하지만 한번쯤 마음먹고 주변에 있는 글꼴들을 주의 깊게 살펴본다면 한글의 조형미가 새롭게 다가올 것입니다.

알아 두기

타이포그래피와 폰트

문서 프로그램에 글을 쓰고 인쇄하는 일이 많아지면서, '타이포그래피'나 '폰트'와 같은 용어가 무척 친숙해졌습니다. 이 두 용어는 모두 디자인에서 왔습니다. 타이포그래피는 원래 활판 인쇄술을 가리키는 말인데, 지금은 타이프, 즉 활자를 연구하는 학문을 일컫습니다. 일반적으로는 활자를 디자인하는 것, 혹은 문자 디자인을 가리키지요.

그럼 활자는 뭘까요? 활자란 인쇄를 하려고 네모난 금속 윗면에 글자를 새겨 놓은 것을 말합니다. 마치 작은 도장처럼 생겼지요. 혹은 그렇게 인쇄해 찍어 낸 글자도 활자라고 합니다. 과거에는 이 활자들을 실제로 만들어서 판에 나열한 뒤 그 판을 사용해서 인쇄를 했지만, 요즈음에는 디지털로 인쇄를 하기 때문에 실제 활자를 보기는 어렵습니다. 활자가 실물로 있지 않고 컴퓨터 화면 안에 있지요.

폰트는 바로 그렇게 모니터 안에 있는 활자를 가리키는 영어 표현입니다. 본래는 꼭 모니터 속 활자가 아니라, 그냥 인쇄하는 데에 쓰이는 활자를 가리키는 말이었지요. 하지만 흔히 디지털 활자만을 따로 폰트라고 부르다 보니, 그런 뜻으로 굳어져 쓰이고 있습니다.

간추려 보기

- 공병우는 세벌식 자판이 있는 한글 타자기를 개발하는 등 한글 기계화에 앞장섰다.
- 흔글은 우리나라에서 만든 토종 문서 편집 프로그램으로, 이 프로그램의 개발을 계기로 한글의 디지털화가 본격적으로 이루어졌다.
- 한글은 자판 입력이 수월하고 음성 정보 처리에도 용이해서 디지털 시대에 잘 어울리는 글자다.
- 한글 글꼴은 전통적으로 네모꼴 형태를 띠었으나 1990년대 이후로 탈네모꼴 글꼴도 활발하게 개발되었다.

6장 한글을 둘러싼 논쟁들

하나, 영어를 공용어로 삼자고?

한글은 창제 이후 오랫동안 한자보다 낮은 자리에 머물렀습니다. 그러다 근대와 현대를 거치며, 우리나라의 대표적인 문자로 자리매김했지요. 그런데 한자 이후에 한글의 자리를 다시 한번 위협하는 것이 있습니다. 바로 영어입니다. 세계화 시대가 되고 세계 공용어로 영어가 널리 쓰이면서 수많은 사람이 영어 공부에 열을 올리고 있지요.

영어의 중요성이 커지면서 한때 영어와 관련해 흥미진진한 논쟁이 펼쳐진 적이 있습니다. 이른바 '영어 공용어화론'을 둘러싼 논쟁입니다. 우리나라에서도 한국어와 함께 영어를 공용어로 쓰자는 주장을 둘러싼 논쟁이지요.

이 논쟁을 처음 시작한 소설가 복거일은 1998년에 펴낸 책《국제어 시대의 민족어》에서 영어를 우리나라 공용어로 지정할 필요가 있다는 주장을 펼쳤습니다. 이 주장은 안 그래도 영어 공부 때문에 스트레스를 받았던 사람들 사이에서 큰 화제로 떠올랐지요.

"만일 막 태어난 당신의 자식에게 영어와 조선어 가운데 하나를 모국어로 고를 기회가 주어진다면, 당신은 자식에게 이느 깃을 퀀하셨는가?

한쪽엔 영어를 자연스럽게 써서 세상의 모든 사람들과 쉽게 어울리고 일상과 직장에서 아무런 불이익을 보지 않고 영어로 구체화된 많은 유산들과 첨단 정보들을 쉽게 얻는 삶이 있다. 다른 쪽엔 조상들이 써온 조선어를 계속 쓰는 즐거움을 누리지만 영어를 쓰는 것이 힘들고 괴로워서 다른 나라 사람들과 어울리는 것을 기피하고 평생 갖가지 불이익을 보고 영어로 구체화된 문화적 유산들을 거의 향수하지 못하고 분초를 다투는 정보들을 실시간으로 얻지 못하고 뒤늦게 오역이 많은 번역으로 얻어서, 그것도 이용 가능한 정보들의 몇십만 분의 일이나 몇백만 분의 일만 얻어서, 세상 사람들과 경쟁해야 하는 삶이 있다. 당신은 과연 어떤 삶을 자식에게 권하겠는가? "[10]

세계화 시대와 영어

공용어란 국가나 공공 단체가 정식으로 사용하는 언어를 일컫는 말입니다. 우리나라의 공용어로는 농인들이 쓰는 '한국 수어'와 한국어가 있지요. 수어와 같은 경우가 아닌데도, 외국에는 공용어가 여럿인 나라도 있습니다. 스위스, 필리핀, 캐나다 등의 나라가 그렇지요. 이들이 공용어를 여럿 두고 있는 데에는 각기 그래야 할 만한 역사적 이유가 있습니다. 다른 언어를 쓰던 지역들이 모여 한 나라를 이루었거나, 혹은 특정한 언어를 쓰는 사람들이 한때 많이 이주해 왔거나 하는 등의 역사가 있지요.

하지만 우리에게는 영어를 공용어로 정해야 할 만한 역사적 이유가 딱히 있지는 않아요. 한반도에서는 오랫동안 '한국어'만 써 왔습니다. 잠시 일본의 식민 지배를 받기는 했지만 일본어가 공용어가 될 정도로 영향력이 커지지는 않았습니다.

그런데도 영어 공용어화론에 많은 사람이 솔깃해한 까닭은 영어가 가진 막강한 영향력 때문입니다. 앞서 복거일의 주장처럼, 많은 지식과 정보가 영어로 저장되는 시대에 영어를 모르면 시대에 뒤처칠 수 있습니다. 중요한 생존 기술 하나를 빠트리고 세상에 나가는 것이 될 수 있지요. 그러니 개인과 국가의 경쟁력을 기르기 위해 영어를 공용어로 정해서 영어 실력을 키우면 좋겠다고 생각한 것입니다. 영어가 공용어가 되면 아무래도 국민들의 영어 실력이 나아질 기회도 자연스럽게 생기겠지요.

지금의 세계화는 곧 미국화와 같은 것임을 인정해야 한다는 냉철한 시선도 있었습니다. 미국과 영어의 영향력이 계속 커지는 것을 막을 수 없다면 영어를 공용어로 선택하는 것을 진지하게 고려해야 한다는 것입니다. 이런 의견을 가진 사람들은 영어가 공용어가 되면 적어도 다음 세대는 영어를 좀 더 잘할 수 있게 되어 변화된 세상에서 더 잘 살 수 있을 것이라고 보았습니다.

너무 '우리 민족의 것'만 중시하지 말고, 세계 시민의 눈으로 언어를 바라보자는 제안도 있었습니다. 우리 민족의 것을 중시하는 마음이 혹시 우리가 세계로 나아가는 데에 걸림돌이 되고 있지는 않은지 되돌아보자는 의견이었지요.

반대의 목소리들

하지만 이에 반대하는 목소리도 만만치 않았습니다. 반대하는 사람들은 오랫동안 민족어에 담겨 온 정신적 유산을 함부로 대할 수 없다고 생각했습니다. 자기 민족의 것을 사랑하는 사람이 진정한 세계 시민이 될 수 있다고

도 주장했지요. 자신이 발 디딘 곳이 어디인지 모른다면, 즉 민족의 정체성이 없다면 아무리 영어를 잘한다 한들 국제 사회에서는 '미아'와 같은 신세가 될 뿐이라고 지적하기도 했습니다.

세계화를 강조하는 사람들이 생각하는 것처럼 세계화가 자기 민족에 대한 애착과 반대되는 것은 아니라는 주장도 있었습니다. 소설가 이윤기는 이런 글을 써서 이를 설득했지요.

"세계화주의자들이 모르는 것이 있다. 인간의 가장 자연스러운 감정, 그가 가진 인간적 가능성의 만개를 위한 조건, 그의 존재에 의미를 주고 그를 가장 편안하게 하며 그를 가장 인간답게 하는 것은 추상적인 세계성이 아니라 집, 고향, 동네, 친구들 같은 구체적이고 특수한 '국지성'이며 국지적 관계이다."[11]

영어가 지금보다 훨씬 더 널리 퍼진 다음에, 그러니까 지금부터 몇 세대가 지난 후에 공용어로 삼아도 늦지 않다고 생각하는 사람도 있었습니다. 지금 당장 할 일이 아니라는 것이지요. 사실 영어가 지금처럼 국제적인 언어가 된 지는 100년 정도밖에 되지 않았습니다. 그 전에는 프랑스어가, 그보다 더 전에는 라틴어가 국제 언어로서 기능했지요. 앞으로 또 어떻게 변화될지 알 수 없는데 당장 영어가 세를 얻고 있다고 해서 섣불리 언어 정책을 바꿀 수는 없습니다.

다른 한편으로는 모든 사람이 영어를 배우는 것은 오히려 낭비라는 시선도 있었습니다. 영어를 공용어로 만들고 모든 국민이 영어에 능통해지려면 굉장히 많은 예산과 노력을 영어에 들여야 합니다. 그러기보다는 정말 필요한 사람만 영어를 배우고, 다른 사람들은 더욱 전문적이고 의미 있는 일에 시간과 노력을 쓸 수 있도록 하는 것이 세계화 시대에도 더욱 효율적이라는 생각이지요.

우리나라에서는 이미 영어가 충분히 공용어처럼 쓰이고 있다는, 색다른 생각을 제시한 사람도 있었습니다. 사실 거리의 표지판이나 관광지의 안내문에는 대부분 한글과 함께 영어로 중요한 내용들이 잘 안내되어 있습니다. 또 평소에 대화할 때 영어 단어를 섞어 쓰는 사람도 적지 않습니다. 공용어로 지정만 하지 않았을 뿐 이미 영어가 필요한 곳에서는 적절히 쓰이고 있으니, 구태여 공용어로 삼을 필요가 없다고 생각하는 것이지요.

당시 영어 공용어화를 둘러싼 논쟁은 실제 정책으로 이어지지는 않았습니다. 하지만 많은 학자와 전문가, 시민이 논쟁에 참여하여 한국어와 영어, 민족어와 세계어에 관해 한바탕 토론을 펼쳤습니다. 지금도 영어 때문에 스트레스를 받는 사람이 적지 않고, 국제적으로 영어의 영향력이 날로 커져 가고 있다는 점에서 이 논쟁은 여전히 생각할 거리를 남깁니다.

둘, 교과서에 한글과 한자를 나란히 쓴다면?

이제 우리 일상생활에서 한글은 한자보다 훨씬 많이 쓰이고 있습니다. 그럼에도 한자 공부는 우리에게 여전히 숙제입니다. 이와 관련해 얼마 전 논쟁의 장이 열린 적이 있습니다. 교육부가 몇 년 전, 2019년부터 초등학교 고학년이 배우는 교과서에 한자를 병기하겠다는 정책을 발표하면서부터입니다.

'한글 전용'과 '한자 병기'는 우리글을 둘러싸고 자주 논쟁이 벌어진 주제입니다. 오롯이 한글로만 표기할 것인가, 아니면 한글 옆에 한자를 나란히 써서 뜻을 좀 더 명확하게 밝혀 줄 것인가에 대해 저마다 생각이 달랐지요.

일단 초등학교 교과서에서는 1970년 이후 한자 병기가 사라졌습니다. 그 해에 한글 전용화 정책에 따라 교과서에서는 한자를 쓰지 않기로 정했기 때문입니다. 이 정책은 그 후 변함이 없어서 최근까지도 초등 교과서에서는 한자가 보이지 않았지요. 그런데 교육부가 이러한 정책 방향을 뒤집으려는 시도를 한 것입니다.

여기에는 여러 가지 이유가 있습니다. 첫째는 어린이들에게 한자를 교육해야 한다는 생각입니다. 우리말 어휘의 대부분은 한자어에서 왔습니다. 약 70%가 한자어라고 알려져 있지요. 따라서 뿌리가 되는 한자를 공부하지 않으면 우리글에 대한 이해도 부족해질 수 있다고 걱정하는 사람들이 많습니다. 교과서 속 한글 단어에 한자를 나란히 써서 자연스럽게 한자를 익히도록 하면, 학생들이 한자는 물론 우리글도 한층 더 깊게 이해할 수 있으리라 생각한 것이지요. 또 그를 통해 사고력도 더 키울 수 있으리라 기대합니다.

실제로 많은 사람이 잘못 알고 쓰는 표현 중에는 한자를 잘 몰라서 그런 경우가 많습니다. 예컨대 '희한하다'를 '히한하다'나 '희안하다'로 잘못 쓰는 사람이 많은데 희한(稀罕, 드물 희, 드물 한)이라는 한자에 대한 지식이 있다면 맞춤법 실수를 줄이는 데에 도움이 될 수 있지요. 한편 최근 중국이 세계의 강대국으로 떠오르고 있다는 점도 한자 병기를 검토하는 이유가 되었습니다. 한자는 중국과 통할 수 있는 글자이니, 한자 문화권에 있는 국가로서 한자를 더 열심히 익혀 둘 필요가 있다고 생각한 것입니다.

한자 병기가 필요 없는 이유

하지만 이런 의견에 반대하는 사람도 많았습니다. 초등학교에서만큼은 한자보다 우리글을 바르게 익히는 것이 더욱 중요하다고 본 것이지요. 또 교과서에 한자를 넣게 되면 초등학생들이 어려운 한자를 공부하는 부담을 떠안게 되어 스트레스를 받을 수 있다는 의견도 있습니다. 안 그래도 이미 초등학생 때부터 영어 학원, 수학 학원 등 여러 학원을 다니며 공부하고 있는데, 자칫 한자 학원까지 더 다니도록 만들 수 있다는 것입니다.

우리말의 많은 단어가 한자에서 오기는 했지만, 우리글 자체가 매우 과학적이고 우수하므로 한자 어원을 익히지 않는다고 해서 어휘력이나 사고력이 떨어지는 것은 아니라는 주장도 있습니다. 실제로 우리는 글자를 배울 때 일일이 한자 어원을 밝혀 가며 배우지 않습니다. 예를 들어 우리가 '학교'라는 단어를 배울 때 배울 학(學), 가르칠 교(敎)라는 한자의 뜻을 통해서 익히는 경우는 많지 않습니다. 그보다는 한글 단어 '학교'의 쓰임을 보면서 익히지요.

또 같은 한자 문화권이라고는 하지만, 중국에서는 이미 간체자가 더 널리 쓰이고 있기 때문에, 우리가 한자를 많이 익힌다 한들 중국과 바로 소통이 되는 것은 아니라는 점도 지적되었습니다. 간체자는 복잡하게 생긴 한자들을 간단히 변형한 글자입니다. 중국은 수십 년 전부터 간체자를 만들기 시작해서 지금은 많은 한자가 간체자로 바뀌었지요. 이제 중국의 젊은 사람 중에는 간체자만 알고, 간체자의 원형인 한자는 모르는 사람이 많습니다. 그래서 오늘날 중국 사람들이 쓰는 한자는 우리가 아는 한자와는 꽤 큰 차이가 있지요.

무엇보다 교과서에 한자 병기를 한번 허용하게 되면, 어렵게 세워 놓은 한글 중심의 문자 정책이 흔들릴 것을 걱정하는 사람들이 많았습니다. 역사를 보면 우리가 한자의 영향력에서 벗어나 오롯이 한글로 생활을 꾸린 지는 얼마 되지 않았습니다. 이렇게 된 데에는 나라에서 한글 중심 정책을 열심히 추진한 덕도 있습니다. 그런데 그 기준을 다시 흔들면 언어 정책의 뿌리가 흔들릴 수 있다고 우려하는 것입니다.

논란 끝에 교육부는 초등 교과서에 한자 병기를 하지 않기로 결정했습니다. 일단 이 문제는 일단락되었지만 다양한 분야에서 한자 병기에 대한 고민은 지금도 계속되고 있습니다.

알아 두기

간체자와 번체자

중국에서는 1946년부터 한자의 자획을 간단히 만들기 시작했습니다. 한자는 획수가 많아 익히고 기억하기가 어렵다는 점을 고려한 것이지요. 1956년에 '한자 간화 방안'을 정식으로 발표했고, 1964년에는 간체자를 공식 문자로 채택했습니다. 예컨대 '나라 국' 자의 경우 우리는 한자의 원래 모습 그대로 國을 쓰지만, 지금 중국에서는 이를 간단히 만든 国을 씁니다. 배울 학 자(學)도 훨씬 더 간단하게 만든 간체자 学을 쓰지요. 간단해지기 이전 원래의 한자는 따로 번체자라고 부릅니다. 글자에 따라 번체자 그대로 쓰는 경우도 있지만 간체자를 쓰는 경우도 적지 않습니다. 한편 대만에서는 여전히 간체자가 아닌 번체자를 쓰고 있지요.

셋, 'ㅎㅎㅎ'는 한글 파괴일까?

> "너 괄도네넴띤 먹어 봤니?"

> "이 댕댕이 정말 커여워!"

> "누가 봐도 띵작이네!"

요즘 인터넷상에서 흔히 볼 수 있는 표현들입니다. 무슨 말인지 단번에 알 수 있나요? 이 문장에 있는 다소 모양이 이상한 단어들은 모두 글자 모양 일부를 변형하거나 바꾸어 쓴 것입니다. '괄도네넴띤'은 팔도비빔면, '댕댕이'는 멍멍이, '커여워'는 귀여워, '띵작'은 명작이 원래 단어지요. 이 단어들의 모양을 살짝 바꾸어 재미난 조어를 만들어 낸 것입니다. 괄도네넴띤은 인터넷에서 유행하는 놀이를 활용해서 제품 이름을 독특하게 지은 사례지요. 이 이름이 화제가 되면서 제품도 큰 인기를 끌었습니다.

이렇게 한글을 정확한 표기법대로 쓰지 않고 다르게 바꾸어 쓰는 사례는 무궁무진합니다. 단어의 초성만 쓴 ㅎㅎ, ㅋㅋ나 모음만 쓴 ㅠㅠ 정도는 이제 설명하지 않아도 누구나 알 만한 표현이 되었습니다. 긴 단어를 줄여 쓰는 일도 흔합니다. 강추(강력 추천), 넘사벽(넘을 수 없는 사차원의 벽)과 같은 표현들이 그렇지요. 부부를 '쀼'라고 바꾸는 것처럼 두 글자를 한 글자로 합쳐 버리거나, 즐이란 글자를 옆으로 뉘어서 영어 KIN으로 쓰는 것처럼 글자를 이리저리 회전시켜서 쓰는 사례도 있습니다. 이런 경우에는 글자 모양이 크게 달라지지요. 인터넷이나 휴대폰에서 글자를 입력할 일이 많아지면서 이런 신조어들은 끊임없이 만들어지고 있습니다. 이런 표현에 대해 사람들은 어떻게 생각하고 있을까요?

새로운 표현을 만드는 놀이

이에 대해서는 입장이 조금 나뉩니다. 긍정적으로 보는 사람들은 이를 '언어유희', 즉 재미난 말놀이일 뿐이라고 생각합니다. 언어유희란 말이나 글을 소재로 하는 놀이를 뜻하는데, 신조어를 만들어 쓰는 놀이도 그런 놀이의 일종이라고 생각하는 것이지요. 사실 사람들이 이렇게 다양하고 새로운 표현을 쓰는 것은 무엇보다 재미있기 때문입니다. 멍멍이라고 부를 때보다 댕댕이라고 부를 때 뭔가 독특하고 새로운 말맛이 느껴지니까요.

이를 언어유희로 보는 사람들은 대체로 이런 현상을 심각하게 받아들이지 않습니다. 얼마든지 즐겨도 좋다고 보지요. 또 이런 언어유희는 대체로 표준어를 기준으로 합니다. '귀여워'라는 정확한 표준어를 모두가 알고 있기 때문에 '커여워'라는 표현이 재미있게 느껴지는 것이지요. 애초에 '귀여워'가 무슨 뜻인지 잘 모르는 외국인이라면 커여워라고 바꿔 말할 때 어떤 색다른 어감이 생기는지 잘 느끼지 못할 것입니다. 이런 점을 염두에 두고 있는 사람들은 언어유희가 활발하다고 해서, 그것이 한글이나 국어의 뿌리를 흔들지 모른다는 걱정을 할 필요는 없다고 생각합니다.

모양이 새롭게 변하고 다른 표현이 계속 등장하는 것은 사실 막을 수 없는 언어의 속성이기도 합니다. 어쩌면 지금 쓰이는 단어들 중에 어떤 것은 언젠가 국어사전에 오를지도 모릅니다. 사람들이 더욱 널리 써서 몇십 년 동안 살아남는다면 그때는 어엿한 표준어로 인정받을 수 있지요.

하지만 그보다 훨씬 많은 표현이 시간의 흐름에 따라 시나브로 사라져 갈 것입니다. 예컨대 1990년대에는 반갑다는 뜻으로 '방가방가'와 같은 표현이 흔하게 쓰였는데, 지금은 그런 인사를 건네는 사람이 거의 없지요. 한때의 유행이었고 그 유행이 지나가 버렸기 때문입니다. 그런 자연스러운 언어의 속성을 떠올려 보면 언어유희를 더 너그럽게 바라볼 수 있습니다.

알아 두기

언어의 사회성과 역사성

언어에는 여러 가지 속성이 있어요. 그중 한번 그 뜻과 기호가 정해지면, 그 사회에 사는 모든 사람이 그 약속을 지켜야 한다는 것이 있습니다. 이를 사회성이라고 하지요. 또 언어는 시간이 지남에 따라서 끊임없이 변화하는 속성이 있어요. 마치 생명체처럼 새로 태어났다가 사라지기도 하고 모양이 달라지기도 하지요. 그것을 역사성이라고 합니다. 세종 대왕 시절에 쓰인 책은 한글로 쓰였더라도 지금 쉽게 읽지 못하는 이유가 바로 이 언어의 역사성 때문이기도 하지요.

언어유희가 너무 지나치면

하지만 여기에 반대하는 사람들도 만만치 않습니다. 어떤 사람들은 언어 유희가 너무 지나친 나머지 한글을 '파괴'하는 지경에 이르렀다며 불편해합 니다. 글자의 원형을 너무 일그러뜨려 놓아서 그런 글자를 보는 것만으로도 기분이 썩 좋지 않다는 것입니다.

또 새로운 표현들은 대체로 소수의 사람들 사이에서만 즐길 수 있다는 점 도 종종 문제로 지적됩니다. 특히 나이가 많은 어른들이나, 인터넷을 자주 이용하지 않는 사람들은 이런 표현들을 이해하지 못하는 경우가 많지요. 영 문을 모르는 사람에게는 마치 암호처럼 들릴 수밖에 없습니다. 누군가를 대 화에서 소외시킬 수 있다는 점을 생각해 보면, 이런 언어유희를 마냥 좋게만 바라보기가 어려워집니다.

무엇보다 국어의 품위를 해칠 수 있다는 점을 걱정하는 사람이 많습니다. 우리 글자가 가진 원칙이나 기준을 무시한 채 새로운 단어를 마구 만들다 보면, 한글 혹은 국어의 품격을 떨어뜨릴 수 있습니다. 특히 격식을 갖추어 야 하는 방송이나 공공 문서에서, 원칙에서 벗어난 표현이 아무렇지 않게 쓰 이면 눈살이 찌푸려지기도 하지요. 우리의 소중한 글자를 함부로 대하지 말 고 품위 있게 쓰고자 하는 사람들은 언어유희에 비판적입니다. 언어유희를 즐기더라도 적당한 균형을 잡아야 한다고 강조하지요.

간추려 보기

- 1990년대에 영어를 공용어로 쓰자는 제안이 나와서 여러 사람이 논쟁을 벌였다. 많은 반대에 부딪혀 영어가 공용어가 되지는 않았지만 영어의 영향이 날로 커지면서 영어 학습과 활용에 대한 고민은 계속되고 있다.
- 최근 초등학교 교과서에 한자를 병기하자는 입장과, 한글만 오롯이 쓰자는 입장이 대립했는데, 결국 지금까지 해 오던 대로 한글만 쓰는 쪽으로 기울었다.
- 단어의 모양을 변형한 다양한 인터넷 표현에 대해서 한쪽에서는 이를 언어유희로 보지만, 다른 쪽에서는 국어 파괴라고 비판하기도 한다.

용어 설명

광문회   일제 강점기 시절, 독립 정신을 불러일으키고 새로운 지식을 널리 전하기 위해 1910년에 설치된 한국 고전 간행 기관이다. 관련 인물로 최남선, 박은식 등이 있다. 《발해고》 등의 고전 도서를 간행하고 잡지 《소년》을 발간하였다. 주시경 등이 여기서 우리나라 최초의 국어사전 편찬을 시도하였다.

국한문 혼용   국문에 한자를 섞어 씀을 뜻한다.

모어   사람이 태어나서 처음 익힌 언어를 말한다. 모국어, 제1 언어라고도 한다.

방각소   조선 중기 이후 방각본 도서를 출간하던 민간 인쇄소를 가리키는 말. 주로 경기 지방과 전주, 대구 등지에 있었다. 방각본 소설이란 방각소에서 목판에 새겨 간행한 소설을 뜻한다.

성조   각 음절에 부여된 소리의 높낮이를 뜻한다. 중국어의 경우, 같은 단어라 하더라도 성조에 따라 그 의미가 달라지는 성조 언어의 특징이 있다.

이두   한자의 음과 훈을 빌려 우리말을 적던 표기법. 이두는 사용된 시기와 문헌에 따라 다양한 방법으로 활용되었다. 넓게는 향찰, 구결을 모두 포함하는 개념으로 쓰인다.

조선어연구회   조선어학회의 전신으로 국어를 연구하고 보급할 목적으로 1921년에 만들어진 학술 단체. 역사상 최초의 국어 연구 학회로 말과 글을 통해 민족정신을 고취하고자 노력하였다.

집현전   1420년에 세종이 설치한 학문 연구 기관. 1456년(세조 2년)까지 37년이라는 짧은 시간 동안 존속했지만, 조선 초기 문화를 형성하고 유교 사회를 이룩하는 데 크게 이바지하였다.

창간 신문이나 잡지의 첫 호를 세상에 펴내는 일.

창제 전에 없던 것을 처음으로 만들거나 제정함을 뜻한다.

투서 몰래 보내는 글. 보통 잘 알려지지 않은 사건의 뒷이야기나 누군가가 저지른 잘못을 적어 보낸다.

향찰 아직 한글이 없던 시절, 한자를 빌려 국어의 어순 그대로 우리말을 적었던 표기법. 특히 신라의 향가를 적을 때에 많이 쓰였다.

연표

1443년	세종 대왕이 훈민정음을 창제하다.
1445년	훈민정음으로 쓴 최초의 작품 《용비어천가》가 나오다.
1446년	《훈민정음》 해례본을 반포하다.
1506년	연산군이 한글 사용을 금지하다.
1527년	역관 최세진이 《훈몽자회》를 펴내다.
1894년	고종이 한글을 나랏글로 선포하다.
1896년	최초의 순 한글 신문 《독립신문》이 나오다.
1927년	조선어연구회가 잡지 《한글》을 발행하다.
1940년	경북 안동에서 《훈민정음》 해례본을 발견하다.
1942년	'조선어학회 사건'이 일어나다.
1947년	《조선말 큰 사전》 첫 권이 출판되다.

1949년	공병우의 세벌식 타자기가 개발되다.
1957년	《조선말 큰 사전》이 완간되다.
1988년	한글 전용 신문 《한겨레》가 창간되다.
1989년	한글 문서 편집 프로그램 '흔글'이 나오다.
1999년	《표준국어대사전》을 만들다.

더 알아보기

국립한글박물관 https://www.hangeul.go.kr/main.do
세종 대왕의 애민 정신을 잇고, 한글의 우수성과 한글문화를 널리 알리기 위해
2014년에 개관한 박물관. 서울 용산구에 국립중앙박물관 옆에 자리하고 있으
며, 상설 전시실에서는 한글의 역사를 한눈에 볼 수 있다. 1층에는 한글도서관
이 있어 한글과 관련된 다양한 자료를 찾아볼 수 있다.

디지털한글박물관 http://archives.hangeul.go.kr/
한글에 대한 학술 정보, 역사, 전시 등의 자료를 제공하고 있는 웹 사이트. 한글
의 역사부터 시작해 한글이 간직한 이야기를, 다채로운 이미지 자료와 함께 볼
수 있다.

국립국어원 https://www.korean.go.kr/front/main.do
국어를 발전시키는 어문 정책을 세우거나 펼치고, 또 언어와 관련한 다양한 연
구를 수행하는 기관. 세종이 세운 집현전의 전통을 이어 1984년에 설립된 국문
연구소가 1991년에 국립국어연구원이 되었다가, 2004년에 국립국어원이 되어
오늘에 이르고 있다. 웹 사이트에는 표준국어대사전을 비롯해 다양한 사전이 있
으며 어문 규정과 용례도 찾아볼 수 있다.

한글문화연대 https://www.urimal.org/

우리말과 우리글을 아름답게 가꾸고, 우리 말글살이의 잘못된 점을 바꾸어 나가기 위해 2000년에 만들어진 시민 단체. 아름다운 한글문화를 일구고자 노력하고 있다. 해마다 우리말 사랑꾼과 해침꾼을 선정하는가 하면, 잘못되었거나 어색한 공공 언어들을 바로잡는 활동도 하고 있다. 웹 사이트에서 가면 우리말과 우리글과 관련된 다양한 이슈를 만날 수 있다.

우리말배움터 http://urimal.cs.pusan.ac.kr/urimal_new/

쉽고 바르게 우리말과 글을 배울 수 있는 평생 교육 사이트. 특히 '한국어 문법/철자 검사기'가 있어서 사용자가 문장을 입력하면 틀린 부분을 바로잡을 수 있다.

참고 자료

《감염된 언어》 고종석, 개마고원, 2007(개정판)

《세종, 한글로 세상을 바꾸다》 김슬옹, 창비, 2013

《한글 혁명》 김슬옹, 살림터, 2017

《한글 대표선수 10+9》 김슬옹·김웅, 창비교육, 2017

《훈민정음》 김주원, 민음사, 2013

《한국의 문자들》 김하수·이전경, 커뮤니케이션북스, 2015

《한글의 탄생》 노마 히데키, 김진아 외 옮김, 돌베개, 2011

《우리말의 수수께끼》 박영준·시정곤·정주리·최경봉, 김영사, 2002

《한글 디자인 교과서》 안상수·한재준·이용제, 안그라픽스, 2009

《조선과 그 이웃 나라들》 I. B. 비숍, 신복룡 역주, 집문당, 2000

《타이포그래피 천일야화》 원유홍·서승연, 안그라픽스, 2012

《조선언문실록》 정주리·시정곤, 고즈윈, 2011

《조선의 미식가들》 주영하, 휴머니스트, 2019

《한글 민주주의》 최경봉, 책과함께, 2012

《한글에 대해 알아야 할 모든 것》 최경봉·시정곤·박영준, 책과함께, 2008

《한글 이야기 1》 홍윤표, 태학사, 2013

출처 보기

〈인용문〉

1. 김하수 외《한국의 문자들》118쪽에서 인용.

2. 《고종실록》 31년(1894) 11월 21일, 최경봉《한글 민주주의》 24쪽에서 재인용.

3. 한글학회 편(1998)《훈민정음》, 해성사, 김슬옹《세종, 한글로 세상을 바꾸다》 72쪽에서 재인용.

4. 《세종실록》 중에서, 박영준 외《우리말의 수수께끼》 133쪽에서 재인용.

5. 《훈몽자회》 중에서, 최경봉 외《한글에 대해 알아야 할 모든 것》 61~62쪽에서 재인용.

6. 주영하《조선의 미식가들》 227쪽에서 인용.

7. 주영하《조선의 미식가들》 245쪽에서 인용.

8. 박영준 외《우리말의 수수께끼》 174~175쪽에서 재인용.

9. 《대한매일신보》 1906. 6. 6.

10. 복거일《21세기를 어떻게 맞을 것인가》, 고종석《감염된 언어》 181~182쪽에서 재인용.

11. 이윤기의 글 중에서, 고종석《감염된 언어》 179쪽에서 재인용.

찾아보기

내인생의책은 한 권의 책을 만들 때마다
우리 아이들이 나중에 자라 이 책이 '내 인생의 책'이라고 말할 수 있는 책을 만들고자 합니다.

세상에 대하여 우리가 더 잘 알아야 할 교양

(74) **한글** 우리가 몰랐던 한글 이야기

김선아 지음

초판 인쇄일 2019년 9월 24일 | 초판 발행일 2019년 10월 8일
펴낸이 조기룡 | 펴낸곳 내인생의책 | 등록번호 제10-2315호
주소 서울특별시 성동구 연무장5가길 7 현대테라스타워 E동 1403호
전화 02 335-0449, 335-0445(편집) | 팩스 02 6499-1165
편집 이창호 | 디자인 김은희 | 마케팅 한하람

ISBN 979-11-5723-556-8 (44300)
       979-11-5723-416-5 (세트)

책값은 뒤표지에 있습니다. 잘못된 책은 구입처에서 바꾸어 드립니다.

이 도서의 국립중앙도서관 출판예정도서목록(CIP)은 서지정보유통지원시스템 홈페이지(http://seoji.nl.go.kr)와
국가자료종합목록 구축시스템(http://kolis-net.nl.go.kr)에서 이용하실 수 있습니다. (CIP제어번호 : 2019036386)

내인생의책에서는 참신한 발상, 따뜻한 시선을 가진 원고를 기다리고 있습니다.
원고는 나무의 목숨값에 해당하는 가치를 지녔으면 합니다.
원고는 내인생의책 전자우편이나 홈페이지를 이용해 보내 주세요.

전자우편 bookinmylife@naver.com | **홈페이지** http://bookinmylife.com

어린이제품 안전 특별법에 의한 제품 표시

제조자명 내인생의책 | **제조 연월** 2019년 10월 | **제조국** 대한민국 | **사용연령** 5세 이상 어린이 제품
주소 및 연락처 서울특별시 성동구 연무장5가길 7 현대테라스타워 E동 1403호 02 335-0449 | **담당 편집자** 이창호